RADELZEIT AN DER OSTSEE IN SCHLESWIG-HOLSTEIN

Herrlich entspannte Touren zum Runterschalten & Genießen

Stella Kennedy

STELLA KENNEDY

Moin! Nach einer längeren Zwischenstation in Berlin wohne ich seit einiger Zeit wieder im Norden. Bis ich zehn Jahre alt war, lebte ich mit meiner Familie in einem winzigen Ort, der aus drei Häusern bestand, mitten auf der Halbinsel Schwansen. Als Familie machten wir viele Radtouren, und so sind viele Routen für mich nostalgisch belegt. In Kiel arbeite ich als Journalistin. Wann immer ich kann, bin ich mit dem Rad und meinen zwei kleinen Kindern im Anhänger unterwegs. Ich liebe das Gefühl, nach einer windumtosten Tour am Strand ein Tuch auszubreiten. Die Wellen rauschen, die Kinder buddeln und ich versinke in einem Buch: herrlich!

Meine persönliche Radelweisheit:

» In der Pause liegt die Kraft: Dieses Gefühl, sich diese Bank, diese Aussicht aufs Meer, diesen Kaffee so richtig verdient zu haben, unbezahlbar!

LIEBE LESERIN, LIEBER LESER,

dieses Buch ist mein vergangener Sommer – in Bildern und Texten. Was für ein fantastischer Auftrag: einen Radelführer zu schreiben über die Gegend, die ich liebe. Die schroffen Steilküsten, das Meer, diese ewigen Landstraßen, die sich zwischen den Feldern entlangwinden. Im Mai der Duft des gelben Raps – überall. Damit bin ich groß geworden und habe festgestellt: Ohne geht nicht mehr. In diesem Band versuche ich, mit jeder Tour und jedem Stopp, diese Highlights meiner wunderschönen Heimat (zumindest an der Ostseeküste) zu teilen. Nicht alles fand Platz, aber: Ganz schön viel ist dennoch drin!

Eine herrlich entspannte Radelzeit wünscht

T. Kennedy

INHALT

UND SONST SO?

UNTERWEGS AUF DEN SCHÖNSTEN STRECKEN …

HINTER JEDER KURVE MEHR

» Der Strandweg ist einzigartig mit seinen verschiedenen Panoramen, die sich je nach Wegbiegung ergeben: einfach rollen, schauen und genießen! Tour 3, zwischen Hasselfelder Strand und Heikendorfer Strand, S. 34

SÜSSE FRÜCHTCHEN

» Hier radelt man durch die volle Pracht der Natur rund um den Westensee: Schmetterlinge, alte Bäume, an den Büschen Brombeeren – ein Traum! Tour 6, zwischen Schönwohlder Straße und Badestelle Hohenhude, S. 64

ALTES LAND

» Durch hohes Schilfgras, unter tiefhängenden Bäumen entlang, an Runensteinen vorbei, hier rollt man durch eine uralte Landschaft – und die Vergangenheit. Tour 5, zwischen Runenstein und Museum Haithabu, S. 54

QUERFELDEIN MIT DEM RAD

» Natur pur, Feldwege, Seenuferlandschaft, Wildvögel, duftende Wiesen und zwischen den Bäumen immer wieder der tiefblaue See: herrlich! Tour 7, zwischen der Pausenbank am Ufer und der St.-Petri-Kirche Bosau, S. 74

GERADEAUS UND IMMER WEITER

» Bei Rückenwind wird das Radeln hier beinahe zum Fliegen! Zwischen Deich und Strand verläuft der beste Radweg der Welt – Meeresrauschen inklusive! Tour 14, zwischen Seebrücke Schönberger Strand und Hohenfelder Strand, S. 144

WEIT IST DER HORIZONT

» Zwischen Meer und Binnensee rollt man hier durchs Naturschutzgebiet. Eine flache Etappe für viele Freiheitsgefühle! Tour 13, zwischen NABU-Aussichtspunkt und Damp, S. 134

WETTRADELN AM KANAL

» Hier ist der Radweg schnurgerade und verläuft direkt am Nord-Ostsee-Kanal. Wer will, tritt so schnell er kann in die Pedale! Los zum Dampfer-Wettrennen! Tour 16, zwischen Kanalfähre und Brauer's Aalkate, S. 164

ALLE TOUREN IM ÜBERBLICK

Marstal
Nakskov
OSTSEE
Kieler Bucht
Burg auf Fehmarn
VON ALLEM DAS BESTE #20
Kieler Förde
#14 CALIFORNIA DREAMING
Heiligenhafen
REIF FÜR DIE INSEL #19
Schönberg
Hohwachter Bucht
KIEL
Oldenburg in Holstein
Mecklenburger Bucht
#3 STRANDHOPPING
Selenter See
Lütjenburg
AUF ZEITREISE #15
#9 KONTRASTPROGRAMM
#18 GUTE AUSSICHTEN
Preetz
#4 SILENCE IN SELENT
#17 VON GUTSHÖFEN UND MEER
Bad Malente-Gremsmühlen
Plön
Grömitz
#7 AM LIEBLINGSSEE
Großer Plöner See
Neustadt
Lübecker Bucht
Trappenkamp
Scharbeutz
Ahrensbök
Travemünde
Klütz
#8 GROSSE SEEBÄDERTOUR
Wahlstedt
LÜBECK
Dassower See

... UND AUCH PAUSE MACHEN NICHT VERGESSEN

VIELE FLOGEN ÜBERS SCHWANENNEST

» Hier auf der hölzernen Aussichtsplattform ist meist kein anderer Mensch. Um einen herum die Wasservögel. Alle Sinne auf: Hier hört man sie noch, die vielen Stimmen der Natur. Tour 4, Stopp 3, S. 49

ZIMTSCHNECKEN UND BIER

» Rad abstellen und rein ins Café Noosh – am besten hinten auf die schöne Außenterrasse mit weitem Blick in die Wiesen. Dazu ein kühles Getränk und eine hausgemachte Zimtschnecke: perfekt! Tour 6, Stopp 6, S. 71

ICH BIN DER KÖNIG DER WELT!

» An der Brodtener Steilküste wähnt man sich am Rand der Erde: Umgeben von in den Himmel ragenden Bäumen steht man direkt an der Felskante, 20 Meter oberhalb des Steinstrandes. Wild! Tour 8, Stopp 2, S. 89

THE BEACH

» Eine winzige kleine Badebucht, goldgelber Sand, Schilf, das sich im Wind wiegt, und vor einem das ruhige Wasser der Schlei: Entschleunigung pur! Tour 12, Stopp 3, S. 129

VAMOS A LA PLAYA

» Am Falckensteiner Strand hat man so gut wie alles, was man für das perfekte Stranderlebnis braucht: Naturdünen, eine traumhafte Aussicht und süße Cafés. Tour 9, Stopp 3, S. 99

DIE BANK DER BÄNKE

» Rad abstellen und rauf auf die große, geschwungene Bank, die hier an der Steilküste steht wie eine Welle aus Holz: Ein besseres Inselküstenpanorama gibt's kaum! Tour 20, Stopp 3, S. 209

WO DIE ZÜGE SCHLAFEN

» Im Museumsbahnhof Schönberger Strand läuft man zwischen alten Zügen, Lokomotiven und Straßenbahnen umher: Zeitreise garantiert! Tour 14, Stopp 6, S. 151

EINFACH LOSRADELN

DIE RADELPAUSEN
» START
Bahnhof Flensburg
KM 1
1
Altstadt Flensburg
In historischer Kulisse
KM 2
2
Hafenspitze
Pause mit Aussicht
KM 14
3
Wasserschloss Glücksburg
Kuchen im Schlosshof

AM NORD-ÖSTLICHSTEN ZIPFEL

1

Vom Flensburger Hafen bis an die nordöstlichste Spitze Deutschlands

Wer sich ganz nach oben an die Spitze unserer Republik traut, wird belohnt. Mit einer bildhübschen Hafenstadt, versteckten Aussichtsorten und ganz viel wilder Natur. Auch Wind gibt's hier jede Menge – zum Glück ist das aber selten Gegenwind!

KM 24

4 Nordspitze Halbinsel Holnis

Nach Dänemark rüberwinken

KM 26

5 Badestrand Holnis

Pommes in der Hand, Füße im Sand

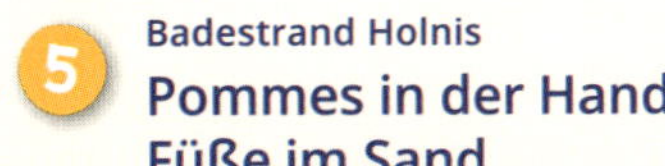

KM 38 » ZIEL

Bahnhof Husby

GANZ, GANZ OBEN

Irgendwie strahlen Orte, die sich ganz an den äußeren Enden von Ländern oder Kontinenten befinden, immer etwas Magisches aus. Das gilt auch für den nordöstlichsten Punkt Deutschlands – die Spitze der Halbinsel Holnis bei Flensburg. Ein Vogelschutzgebiet, das Naturschönheit und Urlaubsgefühl zusammenbringt.

Los geht's aber erst einmal in Flensburg. Da die Stadt im Zweiten Weltkrieg von Luftangriffen weitestgehend verschont wurde, sind der Innenstadtkern und der Hafen von bildhübschen Altbauten gesäumt. Allein darum sollte die Tour mit einem kleinen Bummel durch die historische Kulisse der **Flensburger Altstadt** beginnen.

AUF HOLNIS FÄHRT MAN ZWISCHEN WILDBLUMEN UND FELDERN, ABSEITS DER ZIVILISATION

Anschließend folgt man am Ostufer des Flensburger Hafens der breiten Promenade. Hier liegen Segelboote, laufen Jogger:innen, duftet es nach Kaffee und Fischbrötchen! Warum nicht mal kurz das Fahrrad abstellen und an einer der kleinen Sandbuchten, die sich am Ufer neben dem Radweg verstecken, schnell die Füße ins Wasser tauchen. Na, Badetemperatur?

Danach nichts wie an die **Hafenspitze** und auf eine hinter Büschen etwas versteckte Bank am Ende der Straße mit Blick auf Wasser. Dort ziehen Boote mit weißen, geblähten Segeln im Wind vorbei.

Bis zum nächsten Stopp radelt man durch Wohngebiete und dann auf langen, von Bäumen gesäumten Wegen. Es duftet nach Rapsfeldern, Wildblumen und Wald. Am berühmten **Wasserschloss Glücksburg** locken köstlicher Kuchen und Cappuccino – Kraftnahrung!

Frisch gestärkt rollt man nun bis ins Naturschutzgebiet **Holnis**, dessen Wiesen und Felder eine unvergleichliche Artenvielfalt beherbergen. Hier findet man beeindruckend lange weiße Strände und die Salzwiese, eine Brutkolonie für Seevögel.

Als Gegenpol zur wilden Natur der Halbinsel gibt's auf dem Rückweg in einem schlichten, aber perfekt gelegenen **Strandimbiss** mit Blick aufs Meer ein wenig Kultur. Die Tour führt weiter durch die wunderschöne Landschaft Angelns, vorbei an Feldern und entlang einsamer Landstraßen, passiert zudem einen Hof mit hübschen Pferden – und endet schließlich am kleinen Bahnhof von Husby.

Die endlosen Landstraßen entlang an fast verblühten Rapsfeldern im Juni

Wunderschöne, alte Bauernhäuser, klassisch mit Reet gedeckt, liegen entlang des Weges

Rad abstellen und kurz den Blick auf den Flensburger Hafen genießen!

RADELN & GENIEẞEN

»START

Bahnhof Flensburg

Vom Hauptbahnhof geht's geradeaus die Bahnhofsstraße hinunter in die Innenstadt. An der Kreuzung Friedrich-Ebert-Straße links abbiegen und dann gleich rechts in die Rote Straße.

Auf der versteckten Bank am Hafenzipfel lässt es sich herrlich Boote anschauen

KM 1

1 **Altstadt Flensburg**

In historischer Kulisse

Die Flensburger Altstadt hat die längste Einkaufsstraße Schleswig-Holsteins (über 1000 Meter lang). Schön renovierte alte Kaufmannshäuser, Speicher und ehemalige Handelshöfe lassen einen zwischen Roter Straße und Nordertor immer wieder staunen. In den Haupteinkaufsstraßen und kleinen Gassen ist die Geschichte der Stadt zum Greifen nah: Flensburg importierte im 18. und 19. Jahrhundert in großem Stil Rum aus der Karibik und wurde so zur Rumstadt Deutschlands. Heute gibt es noch das Rumhaus Braasch (www.braasch.sh) in der Roten Straße mit eigenem Museum und das älteste noch aktive Rumhaus Johannsen (www.johannsen-rum.de) in der Marienstraße. Dazwischen finden sich (neben den üblichen Ketten) liebevolle Boutiquen, moderne Ateliers und traditionsreiches Handwerk. Unbedingt in der Roten Straße die alten Türen bewundern und in die kleinen Hinterhöfe luschern.

Wunderschöne alte Häuser reihen sich entlang der (östlichen) Altstadt Flensburgs

Von der Innenstadt geht's die Rathausstraße hinunter Richtung Hafen. Am Hafen dem Radweg folgen. Immer geradeaus an den großen, stillgelegten Industrieanlagen vorbei. Am Piratennest rechts vorbei, am Ende der Straße Industriekai stehen ein paar idyllisch platzierte Bänke.

Kuchen mit Ausblick auf das Schloss Glücksburg

KM 2

2 Hafenspitze
Pause mit Aussicht

Nachdem man das komplette Ostufer des Flensburger Hafens abgeradelt ist, wird es Zeit, sich kurz zu besinnen und bei einem fantastischen Ausblick durchzuschnaufen. Hier, quasi an der Spitze des Hafens, wird die Förde weit, und die Augen können wandern. Der perfekte Moment, um einen Schluck Kaffee – vielleicht aus der mitgebrachten Thermoskanne? – zu nehmen und das Wasser und die Natur, die sich beidseitig der Ufer erstreckt, zu genießen. Fast wie inszeniert gleiten dazu von links die hübschen Segelboote aus dem Hafen an einem vorbei in die offene Förde, und weiße Segel blähen sich im Wind: Hach!

Weiter an der Hauptstraße Kielseng nach links und der Beschilderung Richtung Glücksburg folgen.

KM 14

3 Wasserschloss Glücksburg
Kuchen im Schlosshof

Was für ein Anblick! Glücksburg (www.schloss-gluecksburg.de) wurde teilweise aus dem Abtrag eines ehemaligen Zisterzienserklosters zwischen 1583 und 1587 erbaut: Das einstige Klostergelände wurde geflutet, und aus der Mitte des damit entstandenen großen Schlossteiches erhebt sich nun das imposante, strahlend weiße Gebäude. Unter dem Teich liegt noch der Friedhof mit den Gräbern von 1000 Mönchen, wie ein Gedenkstein am Ufer verrät. Gruselig! Heute ist das Schloss ein Museum. Durch die Torhäuser radelt man direkt auf den hübschen Hof mit perfekt restaurierten Gebäuden, an denen sich Rosen ranken. In der Cafeteria im Schlosshof gibt es passend zur royalen Atmosphäre Kuchen, der auch einer Prinzessin oder einem Prinzen munden würde. Der Cappuccino dazu ist herrlich. Wer keine Lust auf eine Essenspause hat, erkundet den wunderschönen Garten des angrenzenden Rosariums (www.schoenes-gluecksburg.de/rosarium).

Auf der Großen Straße mit dem Schloss im Rücken nach links orientieren und den Schildern Richtung Holnis folgen. An der Kreuzung Jägerberg/Bockholm rechts abbiegen und bei Knopp links rein.

Am gegenüberliegenden Ufer: die dänische Küste

KM 24

4

Nordspitze Halbinsel Holnis

Nach Dänemark rüberwinken

Auf den Hinweisschildern entlang des Weges kann man sich zur Artenvielfalt auf der Halbinsel informieren

Auf einer Länge von sechs Kilometern erstreckt sich die wilde Natur dieser großartigen Halbinsel: Strände, blühende Wiesen, Kiefernwälder und sanfte Hügel. Auf dem grasigen Naturpfad zwischen dem Weg Knopp und Berglyk unbedingt halten, Fernglas rausholen und schauen, ob Flussseeschwalben unterwegs sind. Weiter geht's bis zur Holnisser Fährstraße. An deren nördlichstem Ende entweder das Rad abstellen und durch das Buschwerk und das hohe Gras bis an die sandige Spitze laufen. Oder einfach auf die Bank am Ende des Weges plumpsen lassen und das herrliche Panorama genießen: da der Blick aufs blaue Wasser mit weißen Segel, die wie hineingesteckt wirken. Dort der Blick ans andere Ufer, das ist schon Dänemark! Und darüber die kreischenden Möwen in einem Himmel, der so weit und groß erscheint wie selten.

Die Holnisser Fährstraße geradeaus zurückfahren. Links, direkt am Strand, liegt dann die Strandbude.

Beine hoch, Blick aufs Wasser und dazu Pommes rot-weiß

Bahnhof Husby

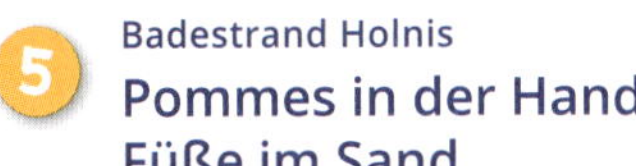

5 Badestrand Holnis

Pommes in der Hand, Füße im Sand

Nach der fast schon heiligen Schönheit der Natur der Holnisser Spitze erlebt man am Badestrand Holnis lebendigen Beach-Vibe. Weißer Sand, sanfte Wellen, die ans Ufer rollen, Strandkörbe, bunte Handtücher und der Duft von Meer und Pommes. Willkommen im Urlaub! Das bescheidene Bistro Strandbude bietet alles, was man jetzt braucht. Erfrischenden Aperol Spritz in riiiesigen Gläsern oder eine ebensolche Saftschorle und dazu die perfekten Pommes: frisch, knusprig, schmal und genau richtig gesalzen. Am besten genießt man diese im bistroeigenen Strandkorb mit Blick aufs Wasser.

Die Holnisser Landstraße wieder hinunter und den Feldern Richtung Munkbrarup folgen. Durch Gremmerup durchfahren bis zum Bahnhof in Husby.

Strandkörbe sind eine vom Wind geschützte Höhle der Entschleunigung

AUF EINEN BLICK

- **Start:** Bahnhof Flensburg
- **Ziel:** Bahnhof Husby
- **Strecke/reine Radelzeit:** 38 km (Streckentour), 3 Std.
- **Höhenmeter:** ↗106 m, ↘79 m
- **Wegbeschaffenheit:** Viel Asphalt, auf der Halbinsel Holnis stellenweise Gras und Kies.
- **Beste Zeit:** Ganzjährig. Im Mai fährt man an den vielen Rapswiesen vorbei, im Sommer locken Strand und Meer, und im Herbst leuchtet der Wald auf der Strecke zum Wasserschloss in fast allen Farben.
- **Mitnehmen:** Badezeug, Sonnencreme, Fernglas für Vogelbeobachtung (auf der Halbinsel Holnis).
- **Kombinierbar mit:** Tour 2.

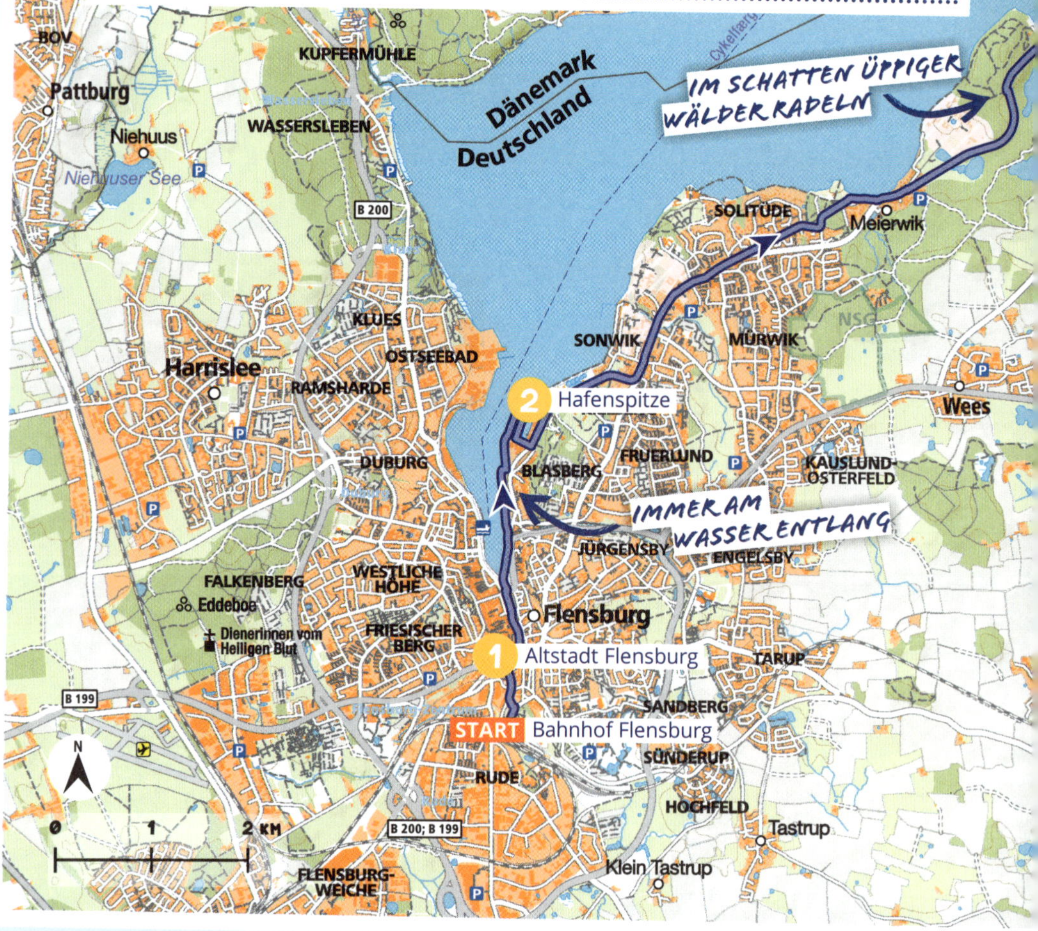

4 Nordspitze Halbinsel Holnis
Halbinsel Holnis
Kleines Noor
ZWISCHEN DEN KIEFERN-ALLEEN HINDURCH
5 Badestrand Holnis
Schausende
Neupugum
Bockholm
Großsteingrab Glücksburg 1
ÜBER DAS WEICHE GRAS DER NATURPFADE
Schleswig-Hol
Glücksburg (Ostsee)
3 Wasserschloss Glücksburg
Cykelfærgen
Flensburger Förde
Höftland Bockholmwik und angrenzende Steilküsten
Bockholmwik
Langballigau - Sønderborg
Mühlenteich
Rüde
Großsteingrab Siegum
Westerholz
Gut Freienwillen
Ulstrup
Ringsberg
Tal der Langballigau
Oxbüll
Munkbrarup
B 199
Langballig
Unewatt
VORBEI AN ALTEN BAUERNHÄUSERN
Hodderup
Voldewraa
Bönstrup
Gremmerup
Dollerup
Gut Lundsgaard
Grundhof
Husby
ZIEL Bahnhof Husby
Lutzhöft
Hollehitt

DIE RADELPAUSEN

» START
Bahnhof Husby

KM 8
1 Landschaftsmuseum Angeln
Zeitreise

KM 12
2 Odinfischer Langballig
Jetzt ein Fischbrötchen!

KM 13
3 Sturmflutmarke der Jahrtausendflut
Als das Wasser kam

Von Husby nach Sörup

Hier blüht der Raps, die Felder stehen voll Kamille, und der Duft des Meeres weht einem um die Nase. Die Tour führt über Landstraßen, vorbei an Feldern und Höfen bis zur Küste, wo versteckte Strände locken – und wieder zurück auf einen Turm im Landesinneren.

ROT, BLAU, GELB

Auf dieser Tour sind es die Farben, die einem immer wieder den Atem rauben. Die Felder wiegen sich unter dem weiten Himmel. Der Klatschmohn streckt seine Blüten knallrot ins Licht, blau leuchten die Kornblumen, sonnengelb die Ähren, und dann überall die bunten Ackerwildkräuter. Oftmals stehen sie zusammen, als hätte die Natur sie höchstpersönlich in ein Bouquet drapiert. Und am Meer kontrastiert der süße Duft der Hagebutten mit dem herben Geruch des Wassers: Salz, Sand und Seetang.

Durch weite Felder windet sich die Straße bis zum **Landschaftsmuseum Angeln**, wo man zwischen historischen Reethäusern mehr über die Geschichte dieses Landstriches erfährt. Der Weg führt weiter bis zum kleinen Hafen **Langballig**: Zwischen schaukelnden Booten und Möwenkreischen schmeckt das Fischbrötchen besonders gut. Parallel zur Küste geht's nun vorbei an der **Sturmflutmarke** in Westerholz und weiter durchs Land an Feldern und alten Höfen vorbei. Oft gibt es kleine Stände, an denen der selbstproduzierte (köstliche) Wildblütenhonig verkauft wird.

DURCH EINE LANDSCHAFT RADELN, DIE WIE EIN GEMÄLDE VON MONET AUSSIEHT

Diese Route zu radeln, ist wie einzutauchen in ein wahr gewordenes impressionistisches Landschaftsbild aus dem späten 19. Jahrhundert. Weich runden sich die Felder, silbrig schillernde Pappeln beugen sich im Wind, darüber ein Himmel, der so blau und weit ist wie das Meer. Eine Landschaft wie ein Gemälde von Claude Monet!

Auf halber Strecke laden die Naturstrände bei **Dollerupholz** und **Quern** zu einem erfrischenden Bad ein oder einfach zu einer Pause mit den Füßen im Sand. Wellen schwappen ans Ufer, der Sand ist gespickt mit besonderen Steinen, Fossilien oder Muscheln. Funkelt es hier und da mal im Sand, lohnt es sich, ein zweites Mal hinzuschauen: Oft verbergen sich hinter diesen Sinneseindrücken kleine Schätze.

Wer auf dem Rückweg gegen den gerne mal von vorne kommenden Wind antreten muss, kann sich oben auf dem **Bismarckturm** am Scheersberg erholen und den Rundblick genießen. Ein bunter Flickenteppich von Feldern auf der einen Seite, auf der anderen Seite das Blau des Meeres, so weit das Auge reicht. «

In Hauseinfahrten stehen öfter kleine Souvenirstände: Anhalten und Stöbern empfohlen

Ein typisches norddeutsches Backsteinhaus mit Holzgiebel

Boote schaukeln im Jachthafen von Langballigau

RADELN & GENIEßEN

»START

Bahnhof Husby

Vom Bahnhof Husby geht's links die Schleswiger Straße hoch bis zur Kreuzung, dort rechts die Flensburger Straße runter und anschließend links auf die Voldewraaer Straße. Dieser immer weiter folgen, bis man auf die Nordstraße stößt.

KM 8

1 **Landschaftsmuseum Angeln**

Zeitreise

Kein normales Museum erwartet einen hier, sondern ein »Dorf mit Museum und ein Museum mit Dorf«, wie die Betreibenden über ihr Konzept schreiben (unewatt.kultur-schleswig-flensburg.de). Über den gesamten Ort Unewatt verteilen sich die verschiedenen Gebäude, darunter eine Räucherei, eine wasserradbetriebene Buttermühle und eine Windmühle. Überall kann man Spuren vergangenen bäuerlichen Lebens entdecken und erahnen, wie (hart) es damals gewesen sein muss. Am besten stellt man sein Fahrrad vor dem Marxenhaus ab und geht auf den alten Dorfwegen spazieren. Unbedingt auch im Rosengarten vorbeischauen, auf der Bank dort lässt sich auch vorzüglich Kaffee aus der mitgebrachten Thermoskanne trinken.

Weiter durch das Dorf und links beim Gasthaus Unewatt by Hendrik auf die Schmiedestraße, die irgendwann auf die Hauptstraße trifft. Nun bis Langballigholz fahren und dort einfach der Beschilderung folgen.

Hier fährt die Fahrradfähre ab über die Flensburger Förde nach Dänemark

Neben der alten, in den Stein gravierten Sturmflutmarke steht das Info-Schild und erinnert an die Jahrhundertflut

KM 12

2 Odinfischer Langballig

Jetzt ein Fischbrötchen!

Im kleinen Hafen von Langballigau schaukelt der Kutter Odin von Harald Lehuniak in den Wellen. Sein frischer Fang ist so beliebt, dass seine Frau Karin vor 14 Jahren beschloss, in der Sommersaison Fischbrötchen anzubieten. Seither lockt das Bistro Odinfischer direkt gegenüber von Haralds Kutter jede Menge Leute an. Anfangs als Geheimtipp gehandelt, hat sich die Qualität des Essens schnell rumgesprochen. Sich vorne an der Theke ein Brötchen frisch belegen zu lassen und sich dann auf den Steg zu setzen – herrlich. Meeresbrise in der Nase, der Blick aufs Wasser, die Leckerei in der Hand: Besser geht's nicht.

Einfach dem Strandweg parallel zum Meer folgen. Kurz nach der Kurve, an der die Haffstraße ansteigt, steht unübersehbar am Straßenrand das Schild der Sturmflutmarke.

KM 13

3 Sturmflutmarke der Jahrtausendflut

Als das Wasser kam

In der Nacht vom 12. auf den 13. November 1872 suchte eine fürchterliche Sturmflut die südliche Ostseeküste von Dänemark bis Pommern heim. Man registrierte Wasser-Höchststände von mehr als drei Metern über normal. Insgesamt kostete das Hochwasser an der gesamten Ostseeküste mindestens 271 Menschen das Leben, fast 3000 Häuser wurden zerstört oder stark beschädigt, und über 15 000 Personen wurden obdachlos. Wer ein paar Meter vom Schild der Sturmflutmarke entfernt am rauen Naturstrand von Westerholz sein Rad abstellt, wird mit anderem Blick auf das Meer schauen. Zum Glück ist so ein Naturereignis sehr selten, mit Blick auf die Klimakrise und ihre Auswirkungen muss aber auch klar sein: Das kann wieder passieren.

Vorbei an der Marke den steilen Berg der Haffstraße hoch und links in die Straße Zu den Lücken abbiegen. Dann kreuz und quer den Straßen durchs Land parallel zur Küste folgen, bis der Badestrand ausgeschildert ist.

Das Landschaftsmuseum ist unter anderem in diesem Fachwerkbau untergebracht

KM 18

4

Badestrand Dollerupholz

Einmal abkühlen, bitte!

Was wäre eine Tour an die Ostsee, ohne diese zu spüren? Richtig, auf jeden Fall keine gute! Also, an heißen Tagen ist es fast Pflicht, sich in die Fluten zu stürzen und eine Runde zu schwimmen. In kühleren Zeiten watet man durch das klare Wasser und genießt den Kneipp-Effekt, den das Barfußlaufen über die kleinen und großen Steine des Naturstrandes hat. Darüber hinaus lohnt es sich, richtig hinzuschauen. Laut Fachleuten gibt es hier an der Küste etliche Gesteine, die anderenorts in Mitteleuropa nicht vorkommen. Granite, Gneise, Migmatite, Sandsteine und Kalksteine lassen sich neben vielen anderen Gesteinsarten studieren. Mit Glück findet sich sogar ein Bernstein!

Rechts an der Kirche vorbei führen ein kleiner Pfad und eine steile Treppe runter an den Strand. Schon von Weitem sieht man die alte Seebrücke.

Blick nach unten: Im Sand findet man manch schönen Schatz

Beste Aussichten übers Land bis ans Meer hat man vom Bismarckturm

KM 22

5

Alte Seebrücke Quern

Lost Place am Wasser

Verlassen steht sie da. Die alte Neukirchener Seebrücke am Strand von Quern. Nur noch 20 nackte Pfeiler zeugen von ihr. Sie sind ein Relikt aus der goldenen Zeit der Butterschifffahrt. Damals machten hier noch Fähren fest, um Schnäppchenjäger ins dänische Sonderburg oder Aerö zu fahren, wo sie zollfrei einkaufen konnten. Weil seit Ende der 1990er-Jahre zollfreies Einkaufen in EU-Gewässern gegen EU-Recht verstößt, ist damit Schluss. Zurück bleibt ein eindrückliches (Foto-) Objekt zur Erinnerung an die schönen Duty-free-Tage. Auf dem Weg zum Strand hängen die Sträucher voll mit Hagebutten: Im Herbst kann man sie zum Marmeladekochen ernten, im Sommer an ihren Blüten riechen, herrlich!

Bis vor zur Kreuzung fahren, dann links die Fördestraße entlang, bis es rechts in die Straße Friedenstal geht. Immer geradeaus weiter, der Turm befindet sich dann linker Hand auf dem Scheersberg (besser: Hügel).

KM 28

6 Bismarckturm

Den Blick schweifen lassen

Von der 18,3 Meter hohen Aussichtsplattform des Bismarckturms im neugotischen Stil kann man nicht nur die wunderbare Landschaft der Region Angeln von allen Seiten bestaunen, sondern auch kurz innehalten und die gesammelten Tour-Eindrücke auf sich wirken lassen. Der Turm, der im Jahr 1900 zu Ehren des verstorbenen ehemaligen Reichskanzlers Otto von Bismarck errichtet wurde, gilt als ein Wahrzeichen Angelns und wurde nach einer vierjährigen Restaurierungsperiode 2018 wieder eröffnet (März bis Ende Oktober täglich 8 bis 20 Uhr).

Der Straße durch Quern folgen, bis man auf die T-Kreuzung und die Straße Dingholz stößt. Hier rechts abbiegen und nach wenigen Metern links auf Dingholz weiter. Der Straße folgen, ohne abzubiegen, bis man in Sörup zum Bahnhof kommt.

EXTRA INFOS:

Um die Ecke des Landschaftsmuseums Angeln befindet sich das ● **Restaurant Unewatt by Hendrik** (www.restaurant-unewatt.de), in dem neben regionalen herzhaften Köstlichkeiten auch Süßes angeboten wird. Draußen sitzt man herrlich unter großen schattigen Bäumen.

Bahnhof Sörup

Weit ins Meer hinein stehen die nackten Stehlen der alten Seebrücke

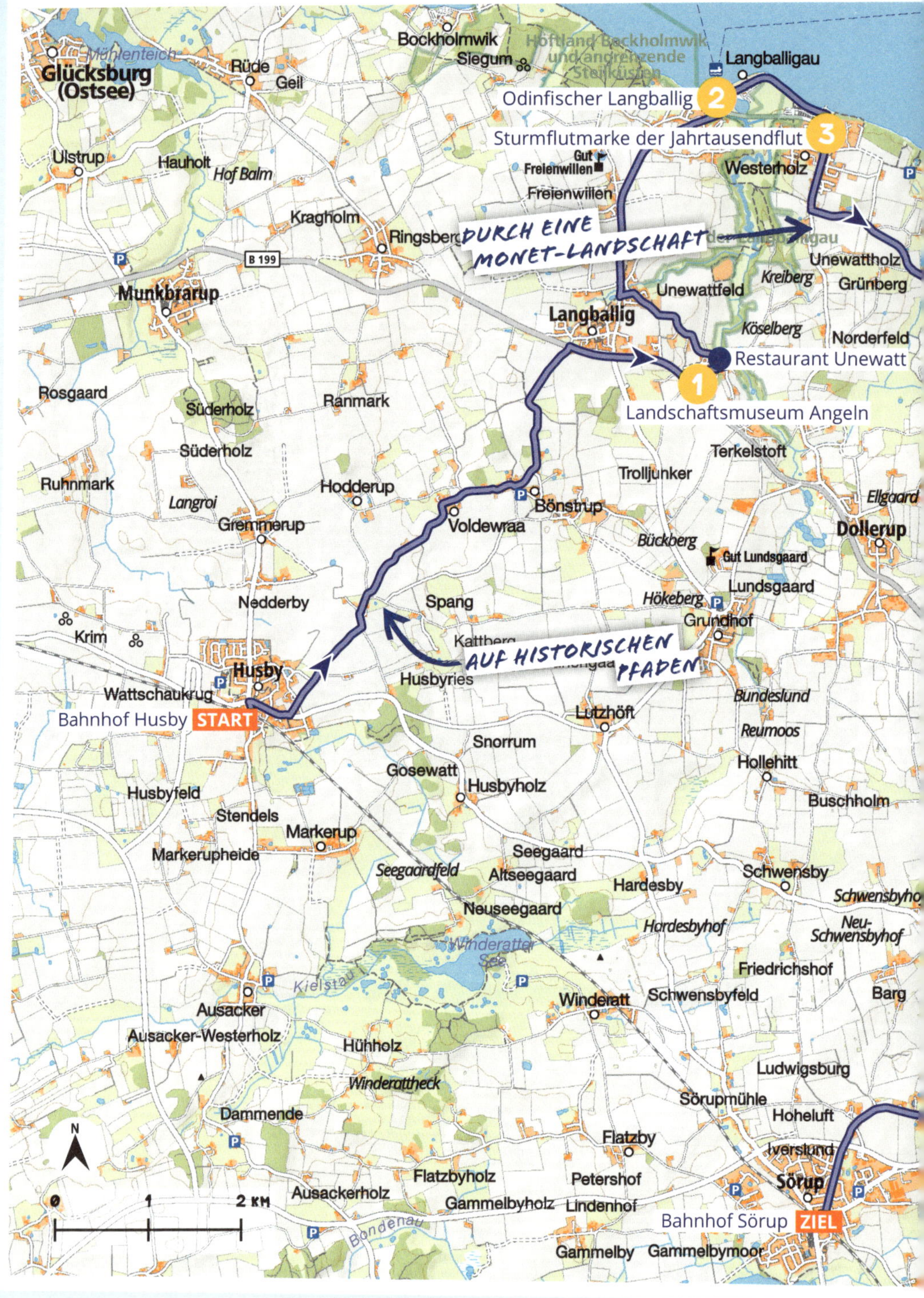
Odinfischer Langballig
2
Sturmflutmarke der Jahrtausendflut
3
DURCH EINE MONET-LANDSCHAFT
Restaurant Unewatt
1
Landschaftsmuseum Angeln
AUF HISTORISCHEN PFADEN
Bahnhof Husby
START
Bahnhof Sörup
ZIEL
Glücksburg (Ostsee)
Mühlenteich
Bockholmwik
Siegum
Langballigau
Rüde
Geil
Ulstrup
Hauholt
Hof Balm
Gut Freienwillen
Freienwillen
Westerholz
Kragholm
Ringsberg
Unewattholz
Grünberg
B 199
Munkbrarup
Unewattfeld
Kreiberg
Langballig
Köselberg
Norderfeld
Rosgaard
Ranmark
Süderholz
Terkelstoft
Trolljunker
Ruhnmark
Hodderup
Ellgaard
Bönstrup
Langroi
Gremmerup
Voldewraa
Dollerup
Bückberg
Gut Lundsgaard
Lundsgaard
Nedderby
Spang
Hökeberg
Grundhof
Krim
Kattberg
Husby
Husbyries
Wattschaukrug
Bundeslund
Lutzhöft
Reumoos
Snorrum
Hollehitt
Gosewatt
Husbyholz
Husbyfeld
Buschholm
Stendels
Markerup
Markerupheide
Seegaard
Seegaardfeld
Altseegaard
Hardesby
Schwensby
Schwensbyhof
Neuseegaard
Hardesbyhof
Neu-Schwensbyhof
Winderatter See
Friedrichshof
Kielstau
Winderatt
Schwensbyfeld
Barg
Ausacker
Ausacker-Westerholz
Hühholz
Ludwigsburg
Winderattheck
Sörupmühle
Hoheluft
Dammende
Flatzby
Iverslund
Sörup
Flatzbyholz
Petershof
Ausackerholz
Gammelbyholz
Lindenhof
Bondenau
Gammelby
Gammelbymoor
N
0
1
2 KM

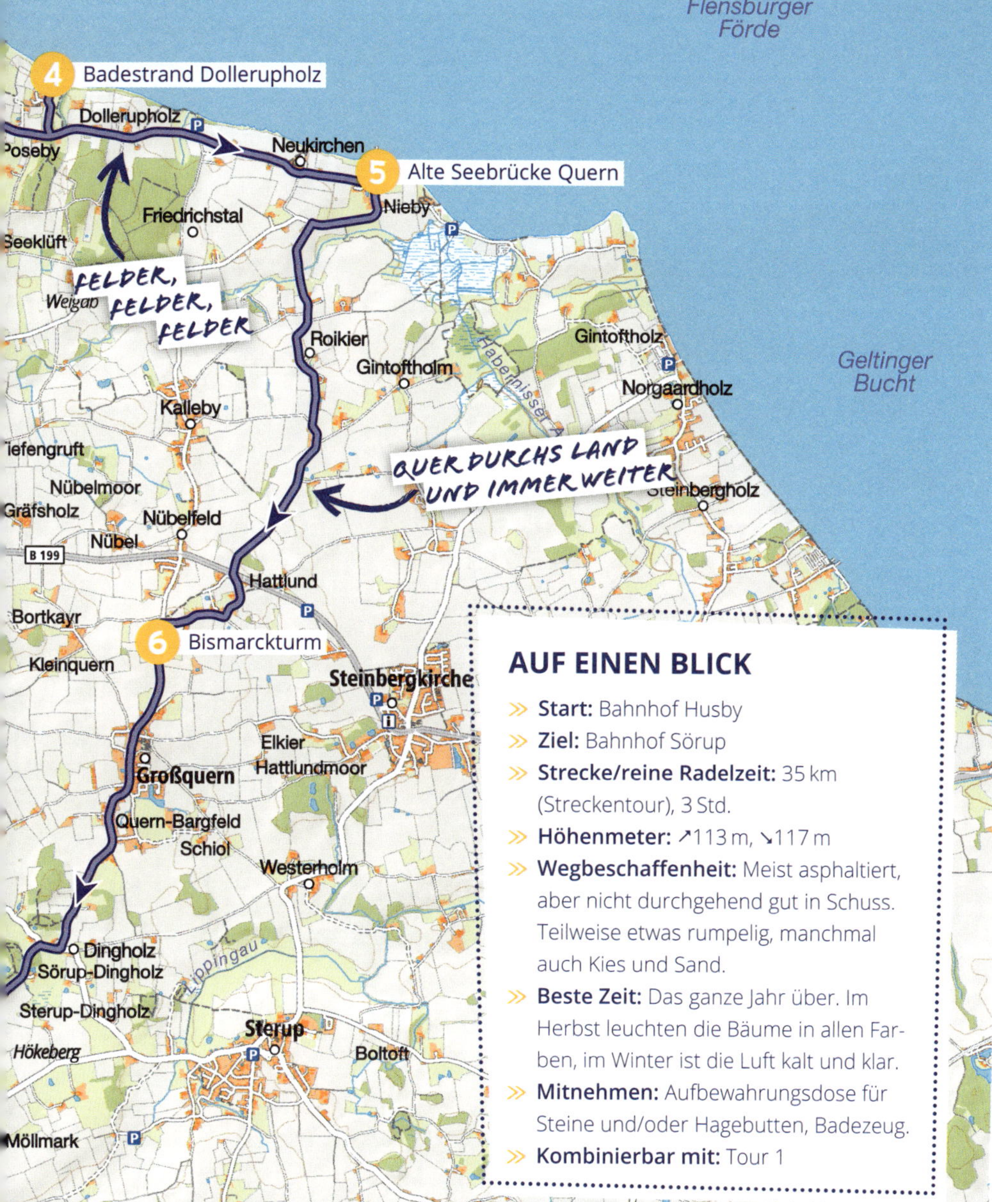

AUF EINEN BLICK

- **Start:** Bahnhof Husby
- **Ziel:** Bahnhof Sörup
- **Strecke/reine Radelzeit:** 35 km (Streckentour), 3 Std.
- **Höhenmeter:** ↗113 m, ↘117 m
- **Wegbeschaffenheit:** Meist asphaltiert, aber nicht durchgehend gut in Schuss. Teilweise etwas rumpelig, manchmal auch Kies und Sand.
- **Beste Zeit:** Das ganze Jahr über. Im Herbst leuchten die Bäume in allen Farben, im Winter ist die Luft kalt und klar.
- **Mitnehmen:** Aufbewahrungsdose für Steine und/oder Hagebutten, Badezeug.
- **Kombinierbar mit:** Tour 1

DIE RADELPAUSEN

» START
Hauptbahnhof Kiel

KM 1
1 Germaniahafen
Kiel holen

KM 7
2 Hasselfelde
Strand mit Aussicht

KM 12
3 Heikendorf
Im Strandkorb fläzen und Schiffe gucken

3 STRAND-HOPPING

Zwischen Kieler Förde und Küste

Hier pulsiert das Leben, vermischt sich Segelflair mit Urlaubsgefühlen. Die Tour führt vom Herzen Kiels an der Kieler Förde entlang, an kleinen Buchten und Strandcafés vorbei bis zur Küste, wo der Wind zunimmt und der Blick aufs Meer weit wird.

SAND, SAND, SAND

Für Kinder ist der Strand der größte Sandkasten der Welt, für alle anderen ein warmer Teppich, auf dem man sich in der Sonne ausstrecken kann. Tief die Hände in den aufgeheizten Sand graben – dafür gibt's auf dieser Tour einige Gelegenheiten! Die Wege, die sich entlang der Kieler Förde winden, ermöglichen ein kleines Strandhopping: Hinter jeder Ecke wartet eine neue kleine Bucht darauf, entdeckt zu werden.

Einmal über die dreigliedrige Faltbrücke (die einzige Brücke weltweit, die nach dem Dreifeldzug-Klappprinzip funktioniert!) über die Hörn im Hafen von Kiel geradelt, schon befindet man sich am **Germaniahafen**. Weiter geht's durch das Industrie- und Hafengebiet Kiels über die Schwentine-Mündung, einen der längsten Flüsse Schleswig-Holsteins, bis zum **Hasselfelder Strand**. Weiter am Wasser entlang kommt man an den **Heikendorfer Strand** in Möltenort, an dem sich die Strandkörbe dekorativ reihen.

AN DER KIELER FÖRDE KANN MAN MIT DEN SEGELSCHIFFEN UM DIE WETTE RADELN

Das Besondere dieser Route ist die Vielfalt der Eindrücke. Einmal fährt man vorbei an Hafengebäuden, dann wieder schlängeln sich kleine Wege entlang der Kieler Förde. Unterwegs genießt man das Wechselspiel von Licht und Schatten, beispielsweise wenn man nach einer schattigen Waldstrecke hinaus in die Sonne radelt, mit Blick auf den Strand, das glitzernde Wasser und Schiffchen, die auf den Wellen schaukeln. Farben, Gerüche, Bilder: Auf dieser Tour kann man sich den Eimer mit Sinneseindrücken vollschaufeln!

Unterbrochen von einem luftigen Stopp mit einmaliger Aussicht auf dem **Marine-Ehrenmal in Laboe** geht's die kleinen Strandwege entlang bis zum entspannten Strandcafé **Tatort Hawaii** im Örtchen Stein. Hier hat man nun die Kieler Bucht verlassen, und prompt wird der Wind rauer und der Blick weit.

Auf dem Rückweg wartet ein kulinarisches Highlight als Belohnung für das etwas längere In-die-Pedale-treten durch die Vororte Kiels: Im **Agora Grill** gibt es den leckersten Döner Kiels. Ein perfekter Ausklang.

Vorbei geht's an nordischen Unikaten wie dem Gasthaus Lutterbeker im Dorf Lutterbek

Das Küstenkraftwerk versorgt Kiel mit Strom und Wärme

Hinter jeder Wegbiegung bietet die Kieler Förde neue Panoramen

RADELN & GENIEßEN

»START

Hauptbahnhof Kiel

Aus dem Bahnhof heraus in Richtung Wasser wenden und einfach dem Pulk Menschen folgen, der in Richtung Faltbrücke schlendert, joggt und rollt.

Mit Wappen verzierter Traditionssegler im Museumshafen

KM 1

Germaniahafen

Kiel holen

Kielholen war eine schwere Bestrafung bei der Seefahrt und noch bis ins 19. Jahrhundert üblich. Dabei wurde eine Person an einem Tau unter dem Schiffsrumpf hindurchgezogen: gruselig! Kielholen geht heute anders, im Sinne von Kiel erobern. Und zwar beginnend mit einem kurzen Halt an diesem relativ neuen Hafenbecken, in dem seit 1998 einige Gastsegler und viele wunderschöne Traditionssegler liegen, aus Holz und mit Schnitzereien verziert (nichts an ihnen verrät, ob auch an ihnen mal gekielholt wurde). Auf den Treppen drumherum wird flaniert und Straßenmusik gespielt, deren Klänge durch die Hafenluft schweben.

Weiter die Werftstraße entlang, über die alte Schwentinebrücke, links am Ostufer entlang, vorbei am Hasselfelder Strand über Mönkeberg bis Heikendorf.

Füße im Sand, Blick Richtung Westufer. Der Strand Hasselfelde ist ein Geheimtipp

KM 7

Hasselfelde

2 Strand mit Aussicht

Der Abstecher an diesen noch relativ jungen Strand – er ist erst seit 2007 wieder für die öffentliche Nutzung freigegeben – lohnt sich aus zwei Gründen. Erstens ist der Blick auf die Kieler Förde und das gegenüberliegende Westufer toll, zweitens ist der Sand schön fein und weich und auch garantiert frei von Munitionsresten. Vor der Freigabe als öffentlicher Strand musste das Areal gründlich durchsucht und gesäubert werden: Hier befand sich nämlich das ehemalige Marinematerialdepot!

Einfach weiter am Wasser entlang dem Strandweg folgen.

KM 12

Heikendorf

3 Im Strandkorb fläzen und Schiffe gucken

An der engsten Stelle der Kieler Förde gelegen, bietet der Heikendorfer Strand in Möltenort alles, was das Herz begehrt: feinen weißen Sand, eine windgeschützte Bucht zum Baden und einen großen Spielbereich für Kinder. Wer hier Rast macht, kann große Fähr- und Kreuzfahrtschiffe wie Stenaline oder Aida zum Greifen nah vorbeigleiten sehen. Die Badewasserqualität wird übrigens in der ganzen Kieler Bucht mit »sehr gut« bewertet. Wer Lust auf mehr Komfort hat, mietet sich einen Strandkorb und genießt die Pause an diesem Bilderbuchstrand.

Einfach weiter am Wasser entlang dem Kolonnenweg folgen.

Windgeschützter Bilderbuchstrand Heikendorf

Weit in den Himmel ragt das Ehrenmal und markiert unübersehbar die Spitze der Kieler Bucht

KM 17

Marine-Ehrenmal Laboe

Von oben sieht man Meer

Oben auf dem 85 Meter hohen imposanten Marine-Ehrenmal in Laboe, das nach fast siebenjähriger Bauzeit 1936 eingeweiht wurde, geht der Rundblick weit über Kiel, das Meer und die Landschaft – bei klarer Sicht sogar bis nach Dänemark. Ursprünglich sollte es an die im Ersten Weltkrieg gefallenen Angehörigen der Kaiserlichen Marine erinnern, ist seit 1996 aber eine Gedenkstätte für die auf See Gebliebenen aller Nationen und ein Mahnmal für eine friedliche Seefahrt auf freien Meeren. Es zählt darüber hinaus zu den wenigen architektonischen Beispielen des Expressionismus. Übrigens: Wer es sich fitnessmäßig so richtig geben will, läuft die 341 Stufen bis zur Aussichtsplattform zu Fuß hoch. Alle anderen fahren die 57 (!) Stockwerke mit dem Aufzug.

Auf der Strandstraße weiter bis zur Straße Ellerbrook. Dieser folgen, bis man als Radler:in links abbiegen kann und auf den Fördewanderweg trifft.

KM 20

Tatort Hawaii

Caipi und Kiten

Nach dem Förde-Feeling der bisherigen Tour hat man hier nun die Weite und den rauen Wind der Ostsee. Es lohnt sich sehr, das Rad anzuschließen und sich einzulassen auf den unvergleichlichen Surfer-Vibe des Strandcafés mit Dünenterrasse und Strandkörben (www.tatort-hawaii.de). Ein schmuckes altes Fischerboot dient als Bar, Lichterketten glühen, und aus den Boxen dringen entspannte Beats. Die Bar mit dem auffälligen Namen versteht sich als Ort für die ganze Familie. Im Sand zwischen den Strandkörben können die Kleinen buddeln und am langen Steiner Strand, der unmittelbar hinter den Dünen beginnt, ist das flache Wasser perfekt, um Stand-up-Paddeln, Kiten oder Windsurfen zu erlernen. Auch für die, die nicht aufs Brett steigen wollen, gibt es also immer was zu sehen.

Dem Lutterbeker Weg bis Lutterbek folgen. Hier rechts auf die Schönberger Straße über Brodersdorf, Neuheikendorf und Mönkeberg, bis man schließlich kurz vor Ende der Tour in den Stadtteil Gaarden kommt.

In der Kieler Eismanufaktur Packeis werden die köstlichen Eissorten von Hand hergestellt

Ob Cappuccino oder Caipi – hier im Strandcafé lässt man es sich gutgehen

EXTRA INFOS:

Für alle, die vom Heikendorfer Strand (Stopp 3) gar nicht mehr weg möchten: Auf der Liegefläche von ca. 1,20 mal 2,10 Metern kann man es sich im **Schlafstrandkorb** gemütlich machen und unvergessliche Stunden am Wasser verbringen (www.kiel-sailing-city.de/angebote/uebernachten-reisen/schlafstrandkorb.html).

Auf dem Weg, am Kitzeberger Strand, liegt das ● **Kiek ut** (kiekut.restaurant), dessen Beach-Vibes einen sofort in den Urlaubsmodus katapultieren. Lässige Stühle im Sand, direkter Blick auf die Förde, ein kühles Getränk: perfekt!

KM 38

6 Agora Grill

Kieler Döner macht schöner

Eine echte Kiel-Tour führt natürlich nicht nur zum Strand, sondern auch in die Stadt zurück, und zwar für ein Abschlussessen, das es in sich hat. Das Ostufer Kiels, speziell der Stadtteil Gaarden, war lange als sozialer Brennpunkt verschrien, dabei passiert hier viel. Ehemals ein Arbeiterviertel der umliegenden Werften, ist es hier heute jung und multikulturell angehaucht. Aufgrund der Altbaudichte und zahlreicher Menschen auf der Straße wird oft von einem Berlin-Flair gesprochen. Im Agora Grill (www.agorakebab.de) gibt es laut Kenner:innen den leckersten Döner Kiels, was unter anderem daran liegt, dass sich dort im Gegensatz zum üblichen Hackspieß ein eigens hergestellter Yaprak-Döner aus geschichtetem Fleisch dreht. Köstlich! Und für alle Veggies gibt's leckeren »Vöner« mit Seitan als Fleischalternative.

Die Werfstraße entlang und über den Gaardener Ring und den Germaniahafen zurück zum Hauptbahnhof.

KM 40 » ZIEL

Hauptbahnhof Kiel

Frischer Kebab, gute Stimmung: Gaarden-Highlight, der Agora Grill

Schilksee
Felm
Dorf Pries
Klausdorf
Altenholz
Felmerholz
Pries
Friedrichsort
Festung Friedrichsort
Strandkörbe und Riesendampfer
Heikendorfer Strand
3
Nord-Ostsee-Kanal
Holtenau
Heikendorf
Altwittenbek
Kieler Förde
Restaurant Kiek ut
Suchsdorf
Wik
Mönkeberg
Ravensberg
Hasselfelder Strand
2
Ottendorf
Düsternbrook
Kronshagen
Schreventeich
Brunswik
Damperhof
Kiel
Mettenhof
Vorstadt
Altstadt
Dock 8a
Hasseldieksdamm
Germaniahafen
1
Hauptbahnhof Kiel
START & ZIEL
Südfriedhof
6
Agora Grill
Ellerbek
Russenberg 40
Gaarden-Ost
Ostufer-Vibes
Hassee
Elmschenhagen
0
1
2 km

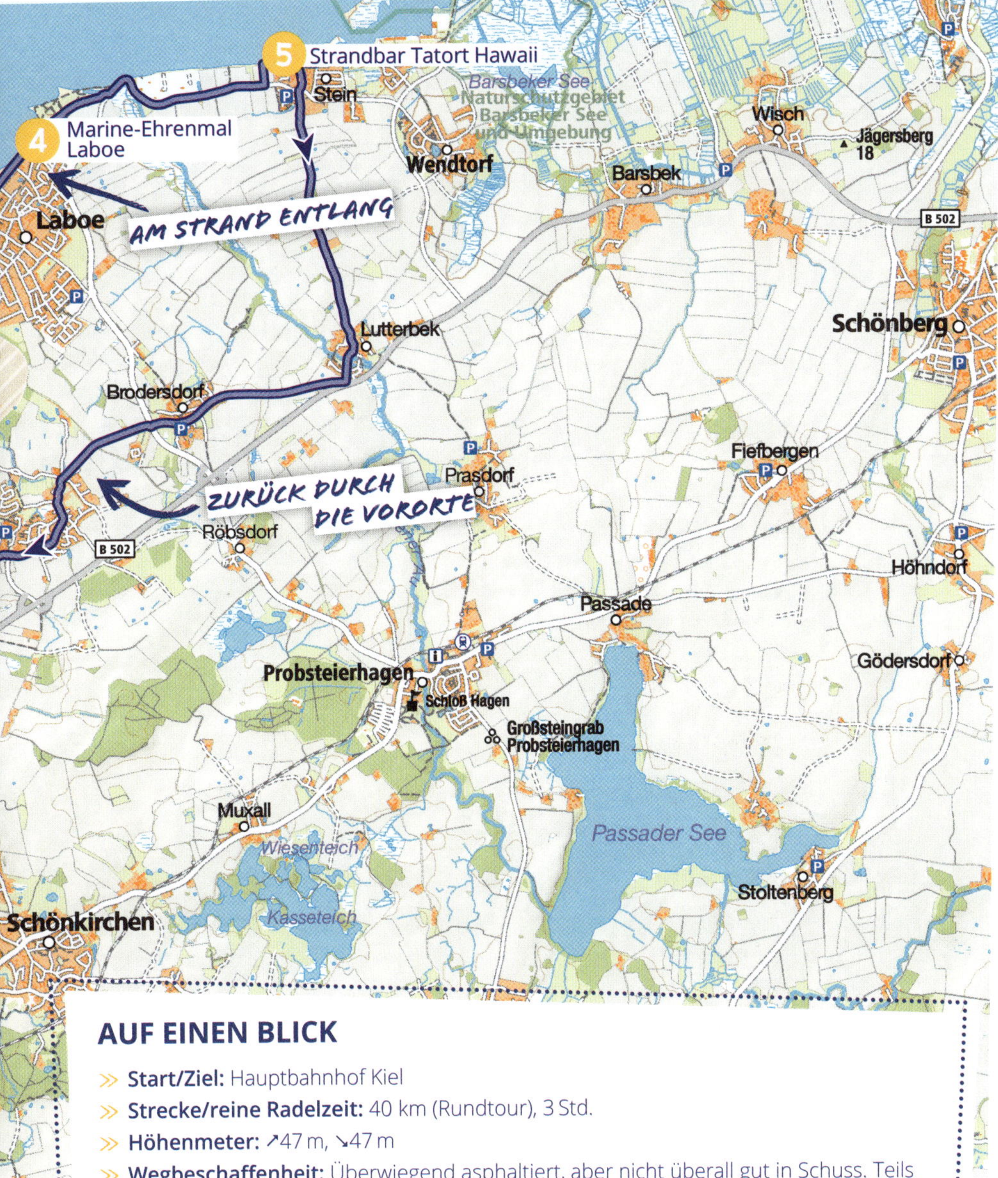

AUF EINEN BLICK

- **Start/Ziel:** Hauptbahnhof Kiel
- **Strecke/reine Radelzeit:** 40 km (Rundtour), 3 Std.
- **Höhenmeter:** ↗47 m, ↘47 m
- **Wegbeschaffenheit:** Überwiegend asphaltiert, aber nicht überall gut in Schuss. Teils etwas rumpelig, auf kurzen Stücken Kies und Sand (am Kitzeberger Strand muss man durch den Sand schieben).
- **Beste Zeit:** Das ganze Jahr über. Im Winter Decke und Thermoskanne mit Kaffee für den Strand mitnehmen.
- **Mitnehmen:** Sonnencreme, Badesachen und Buddelzeug für die Kinder.
- **Kombinierbar mit:** Tour 9

DIE RADELPAUSEN

» START
Bahnhof Preetz

KM 1
1 Holzschuhmacherei
Den Duft von Holz atmen

KM 13
2 Badestelle Grabensee
Durchs Wasser schauen

KM 23
3 Aussichtsplattform Giekau
Nach den Vögeln schauen

4

SILENCE IN SELENT

Rund um den Selenter See

Abwechslung pur verspricht diese Rundtour, die in der ehemaligen Schusterstadt Preetz beginnt und endet. Es geht vorbei an Laubbaumwäldern durch die bäuerlich geprägte Landschaft und rund um den in intakte Natur eingebetteten Selenter See, den zweitgrößten See Schleswig-Holsteins.

KM 27
4 Fischhandel Wessela
Räucherfisch probieren

KM 35
5 Badehaus
Auf ein Stück Torte am See

KM 50
6 Adeliges Kloster Preetz
Blick in die Vergangenheit

KM 51 » ZIEL
Bahnhof Preetz

EINE TOUR FÜR DIE SEELE ...

... ist diese Runde rund um den Selenter See. In verschiedensten Grüntönen leuchten die Felder und lichten Laubwälder, es duftet nach Wildkräutern, und der glasklare Selenter See lässt den Blick weit werden. Hier haben seltene Wasservogelarten ihre Brut-, Mauser- und Rastbiotope. Darüber hinaus passiert man historische Kirchen und Herrenhäuser und radelt durch beschauliche Dörfer.

Vorbei am hübschen Preetzer Marktplatz mit Kopfsteinpflaster und witzigem Schuhmacherdenkmal (ein Schuster, dem ein Hund den Schuh stiehlt) geht es entspannt durch die ehemalige Schusterstadt samt kleinem Stopp bei der urigen Werkstatt von **Stuhr Holzschuh**.

PLÖTZLICH STEIGT EIN SCHWARM VÖGEL ÜBER DEM SPIEGELNDEN SEE AUF

Danach fährt man entlang großer Häuser und Alleen hinaus aus Preetz, bis man zum Selenter See gelangt. Der 22,4 Quadratkilometer große See ist fast vollständig umgeben von unverbauten, naturnahen und ungenutzten Ufern. Um das Wasser erstrecken sich wunderschöne Sumpfwälder und Schilfbereiche, in denen zahlreiche Vogelarten brüten und überwintern. Wer zwischendurch das Rad an der Straße abstellt und die urwaldartigen Erlenbruchwälder erkundet, wird sich wie an die Flüsse Eriadors aus J. R. R. Tolkiens »Der Herr der Ringe« versetzt fühlen.

An der **Badestelle Grabensee** kühlt man die Füße im durchsichtigen Nass ab. Erholt geht die Fahrt weiter bis zum kleinen Ort Giekau. Dort kann man von einer **Aussichtsplattform** die intakte Natur und das Vogelparadies des Sees betrachten.

Auf der zweiten Hälfte der See-Umrundung lohnt ein kleiner Abstecher zum **Fischhandel Wessela**, um sich eine geräucherte Köstlichkeit aus dem See einpacken zu lassen. Ansonsten wartet eine (kulinarische) Belohnung am Café **Badehaus**. Hier, an der naturbelassenen Badestelle, haben sich die zwei Betreiberinnen einen Traum erfüllt – und teilen ihn zum Glück mit ihren Gästen.

Wer mag, rundet die Tour mit einem Besuch des bedeutenden Kulturdenkmals, **Kloster Preetz**, ab. Allein die Fahrt durch den wunderschönen Klosterhof ist einen Abstecher wert. «

Köstliche Blintschiki mit Lachs gibt's im Café Grün in der Preetzer Innenstadt

Architektonische Schätze am Klosterhof Preetz

Auf dem Weg: das gewaltige Torhaus des Herrenhauses Neuhaus

RADELN & GENIEßEN

Bahnhof Preetz

Der Bahnhofsstraße bis zur Straße Hinter den Kirchhof folgen und rechts in den Hufeweg. Vorbei am Marktplatz (hier einen kurzen Blick aufs Schuhmacherdenkmal werfen!), dann vor bis zur T-Kreuzung, dort rechts in die Schwentinestraße, kurz danach wieder rechts in die Wakendorfer Straße.

Typische Preetzer Holzpantoffeln in der alten Schuhmacher-Werkstatt

KM 1

1 Holzschuhmacherei

Den Duft von Holz atmen

Das Denkmal »Schuster mit Hund« auf dem Preetzer Marktplatz erinnert an das blühende Schuhmacherhandwerk Mitte des 19. Jahrhunderts, als hier rund 160 Schuhmacher lebten und arbeiteten. So auch die Familie des ehemaligen Inhabers der Schuhmacherei, Lorenz Haman. Umgeben von Wäldern voller Holz, viel Vieh und Wasser sowie der Handelsstraße nach Dänemark gab es damals die besten Voraussetzungen für die Schusterzunft. In der Werkstatt – seit der jüngsten Übernahme Stuhr Holzschuhe (www.stuhr-holzschuhe.de) – scheint die Zeit stehen geblieben zu sein. Hier reihen sich Holzschuhe, es duftet nach Holz und Hobelbank.

Richtung Bredeneek bis nach Rastorf und weiter nach Martensrade. Dort links abbiegen in den Grabenseer Weg. Die Badestelle ist rechter Hand neben der Straße.

Wasserqualität des Selenter Sees? Ausgezeichnet!

Nichts als Natur: tief durchatmen auf der Aussichtsplattform Giekau

Die Stufen hinauf und beobachten, was hier so alles flattert und piepst!

KM 13

2 Badestelle Grabensee
Durchs Wasser schauen

Eine große grüne Wiese, ein kleiner Strand und ein langer Holzsteg. In der Luft das muntere Piep, Tschilp und Tirili der Vögel, das Geräusch des Windes in den Bäumen am Ufer und über allem ein weiter Himmel. Am besten läuft man direkt bis ganz nach vorne auf den Steg, lässt wenigstens die Füße im klaren Wasser baumeln (wenn man schon nicht schwimmen mag) und nimmt mit allen Sinnen die Schönheit des Sees auf. Rund um die Badestelle frohlockt das Tierreich: Reiherenten, Löffelenten, Kolbenenten, Gänsesäger, Haubentaucher und selbst Seeadler leben an und um die Wasseroberfläche, und darunter tummeln sich Aale, Barsche, Hechte, Maränen und Plötzen.

Immer der Straße um den See herum folgen. Kurz vor dem Dorf Giekau von der Dorfstraße abbiegen und dem Holzschild mit der weißen Gravur Gildehaus sowie dem Symbol eines Gewehrschützen folgen. Dann links vom Vereinsgebäude über die Rasenfläche vor bis ans Wasser.

KM 23

3 Aussichtsplattform Giekau
Nach den Vögeln schauen

Am Giekauer Ufer befindet man sich mitten in den windgeschützten Flachwasserbereichen des Naturschutzgebietes Nordteil des Selenter Sees und Umgebung. Die Uferbereiche bilden eine der größten zusammenhängenden Seeuferlandschaften der Region. Wegen der vielen Reiherenten, Haubentaucher und anderen Arten, die hier leben, gilt der See als international bedeutendes Wasservogelgebiet. Wie faszinierend also, von der hölzernen Aussichtsplattform mit einem Fernglas in den umliegenden Röhrichtbereichen nach Rohrammern, Rohrdommeln oder Rohrweihern Ausschau zu halten. Alle ornithologisch nicht so Bewanderten genießen einfach die herrliche Aussicht von der Bank aus. Allein der Blick auf eine Schwanenfamilie auf dem kristallenen Wasser ist ein Traum.

An der L259 entlang, bis diese auf die B202 trifft.

Die lieben Besitzerinnen des Badehauses, Pia und Inken, mit einer ihrer köstlichen Torten

KM 35

Badehaus

5 Auf ein Stück Torte am See

Wer sein Fahrrad auf die Badewiese direkt am See schiebt, kann stolz auf sich sein: Die See-Umrundung ist geschafft! Zur Belohnung lässt man sich im stilvoll gestalteten Café Badehaus (badehaus-cafekucheso.business.site) auf einen der bunten Stühle plumpsen. In dieser Naturoase neben Wald und Wasser gibt's hausgemachte Spezialitäten, süß oder herzhaft. Die beiden Inhaberinnen geben alles und locken mit hausgemachten Torten, Waffeln und Kuchen, aber auch mit Köstlichkeiten wie Pasta oder Piadina. Achtung: Übliche Kiosk-Küche wie Pommes wird man hier lange suchen, dieser Ort ist etwas ganz Besonderes!

Richtung Selent fahren, rechts in die Kieler Straße einbiegen und den Schildern Richtung Preetz und zum dortigen Kloster folgen. Durch das Torhaus fahren und eine Runde drehen.

Fischhandel Wessela

4 Räucherfisch probieren

Früher war im Restaurant Seekrug viel los, erzählen einem die Menschen aus der Umgebung. Heute ist es still geworden um das große reetgedeckte Fachwerkhaus. Trotz Ruhestand trifft man aber mit Glück Herrn Wessela, der im Nebengebäude noch eine kleine, täglich ab 10 Uhr geöffnete Verkaufsstube betreibt. Wer mag, probiert die köstlichen, geräucherten Fischspezialitäten wie Holsteiner Karpfen, Forellen, oder Aale direkt aus dem Selenter See – oder lässt sich etwas für zuhause einpacken, es gibt auch Matjes, Aal in Gelee und Fischfrikadellen.

Nach der Fahrt entlang des Sees führt von der Lütjenburger Straße rechter Hand ein Weg durch den Wald. Diesem einfach folgen, bis man auf die Lichtung hinaustritt und am sandigen Ufer des Badebereiches gelandet ist.

Herr Wessela beim Filetieren einer frisch geräucherten Forelle. Das Ergebnis: köstlich!

Magisches Zeitreise-Gefühl auf dem Klosterhof Preetz

EXTRA INFOS:

Wo man sich zu Beginn oder zum Abschluss der Tour stärken kann: Das **Café Grün** (www.cafe-gruen-preetz.eatbu.com) in der Preetzer Innenstadt lockt mit hausgemachten internationalen Spezialitäten, regionalen Bieren, einer großen Tee- und Kaffeeauswahl sowie leckerem Frühstück.

KM 50

6 Adeliges Kloster Preetz

Blick in die Vergangenheit

Kopfsteinpflaster, alte Bäume und kleine Gärten voll Wildblumen – die ganze Umgebung des Klosters ist ein einziges Idyll. Um 1212 unter dänischer Herrschaft als Benediktinerinnenkloster gegründet, gehört es heute zu den bedeutendsten Kulturdenkmälern Schleswig-Holsteins (klosterpreetz.de). Dabei ist es nicht nur die Klosterkirche mit ihren Tafelbildern aus dem 15. Jahrhundert und anderen Schätzen, die alle Blicke auf sich zieht. Gleich nach dem Durchradeln des Torhauses fühlt man sich wie auf einer Zeitreise. Das Probsten- und Priörinnenhaus, die Häuser der Konventualinnen, das Pastorat sowie ein Langhaus stehen alle im Halbkreis um die Klosterkirche herum.

Zurück auf die Klosterstraße und dieser folgen, dann rechts in den Hufenweg. Bei Hinter dem Kirchhof links abbiegen und bis zum Bahnhof rollen.

KM 51 » ZIEL

Bahnhof Preetz

Eine Augenweide: die Klosterkirche Preetz aus dem 13. Jahrhundert

ZWISCHEN DEN BÄUMEN DEN SEE SEHEN
VERSCHLAFENE DORFSTIMMUNG
DURCH DUFTENDE FELDER
Badestelle Grabensee 2
Adeliges Kloster Preetz 6
1 Holzschuhmacherei
START & ZIEL Bahnhof Preetz
N
0 1 2 KM
Schönhorst
Friedrichsberg
Tökendorf
Termeterholz
Großsteingrab Dobersdorf 1
Hof Schönhorst
Dobersdorf
Dobersdorfer See
Schlesen
Salzau
Charlottental
Schmütz
Münstertal
Friedrichsfelde
Friedrichshorst
Fargau
Gehege Bookhorn
Vogtshorst
Turmhügelburg
Flüggendorf
Schädtbek
Großsteingrab Dobersdorf 2
Taterbruch
Kahlbusch
Hegeholz
Wohlbrook
Jasdorf
Großsteingrab Dobersdorf 6
Großsteingrab Dobersdorf 4
Voßberg
Selkau
Grabensee
Selkauer Holz
Wiesenhof
Gehege Neuenteich
Kahlkamp
Wittenberger Passau
Speckeln
Lilienthal
Bürgerwald Rosenfeld
Moorsehden
Großsteingrab Hoheneichen 2
Rosenfeld
Lohbek
Hohe Eichen 89
Großsteingrab Rastorf 1
Rastorfer Passau
Rosensee
RAISDORF
Großsteingrab Rastorf 3
B 202
Großsteingrab Wildenhorst
Hainbusch
Passau
Rögen
Rastorf
Wildenhorst
Bekholz
Schierholz
Wittenberg
Bredeneek
Düsternbusch
Vogelsang
Weinberg 40
Hellerkate
Neues Gehege
Das Große Holz
Weinbergholz
Lustpark
Rethwisch
Spolsau
Fohlenkoppel
Eckbeck
Fuchs Berg 35
Kranzort
Preetz
Pohnsdorf
Postsee
Bakersberg 68
Falkendorf
Marienwarder
Kirchsee
Schellhorn
B 76
Wildkoppel
Heidberg
Scharsee
Lehmkuhlen
Kleiner Overteich

AUF EINEN BLICK

- **Start/Ziel:** Bahnhof Preetz
- **Strecke/reine Radelzeit:** 51 km (Rundtour), 3 Std. 45
- **Höhenmeter:** ↗110 m, ↘110 m
- **Wegbeschaffenheit:** Überwiegend asphaltiert, auf kurzen Teilstücken Waldboden und Gras.
- **Beste Zeit:** Das ganze Jahr über. Im Herbst leuchten die Blätter der Wälder in allen Farben, und im Winter, wenn der See vereist ist, kann man viele Haubentaucher und Tauchenten sowie Seeadler beobachten.
- **Mitnehmen:** Badezeug und Fernglas zur Vogelbeobachtung.

DIE RADELPAUSEN
» START
Bahnhof Schleswig
KM 1,5
1
Museumsinsel Schloss Gottorf
Am weißen Schloss schlendern
KM 9
2
Das Danewerk
Beim Wall, der die Festung schützte
KM 16
3
Sigtrygg-Runenstein
Vergangenheit zum Anfassen

5

BEI DEN WIKINGERN

Rund um Schleswig

Diese Route folgt den Spuren des einst mächtigen Volkes der Wikinger. Dabei radelt man durch eine sanft hügelige Landschaft und vorbei an archäologischen Highlights, die einen ganz nah an das vergangene Leben der nordischen Völker bringen.

KM 18

4 Wikingerdorf Haithabu
Eintauchen ins Wikingerleben

KM 19

5 Wikinger Museum Haithabu
Auf Tuchfühlung im Ausstellungshaus

KM 20

6 Odins Haithabu
Essen wie ein Wikinger

KM 23 » ZIEL

Bahnhof Schleswig

DER DUFT VON WILDKRÄUTERN …

… in der Luft, in der Ferne die sanften Hügel der Landschaft – und im Herzen Abenteuerlust. Auf dieser Rundtour durch die geschichtsträchtige Region rund um den Ostseefjord Schlei wimmelt es nur so von Orten, die an eine wilde Zeit vor unserer erinnern. Aus gutem Grund stehen weite Teile der durchradelten Landschaft unter Naturschutz. Viel von der Flora und Fauna rund um das Danewerk und Haithabu hat die Jahrhunderte überlebt und steht so für eine ursprüngliche Naturlandschaft, wie es sie auch schon zu Zeiten der nordischen Völker gab.

AUF DER WIESE VOR DEM WIKINGERNOOR STEHEN PLÖTZLICH ZOTTELIGE HOCHLANDRINDER

Gleich zu Beginn kann man sich von Schleswig-Holsteins größtem und prächtigstem Schloss im wahrsten Sinne des Wortes blenden lassen: Das weiße **Schloss Gottorf** thront auf einer Insel am Ende der Schlei und bildet den Ausgangspunkt der Route. Der Weg führt anschließend raus aus der Stadt und durch verschlafene Vororte bis zum Grenzbauwerk der Wikinger, dem **Danewerk**. Heute steht die ehemals größte Festungsanlage Skandinaviens auf der Welterbeliste der UNESCO.

Weiter geht's auf verschlungenen Straßen und Wegen bis in die Gegend rund um das Haddebyer Noor (sowas wie ein Haff oder Strandsee). Hier taucht man ein in das vergangene Leben der Wikinger. Entlang schmaler Wege, durch dichte Mischwälder und vorbei an Feldern, auf denen das Gras hoch wächst, gelangt man über einen Feldweg zu einer Lichtung und dem **Sigtrygg-Runenstein**.

Nach einem Ausblick an der Noorbrücke (wenige Meter vom Stein entfernt) kehrt man um und folgt dem Pfad zurück. Vorbei an alten Bäumen, deren knorrige Äste über den Wegen hängen, geht es durch die Wiesen um das Noor bis zum Freilichtmuseum: dem **Wikingerdorf Haithabu**.

Nachdem man sich im Dorf hautnah in das Leben der Nordvölker hineingefühlt hat, kann man sein Wissen ganz in der Nähe im **Wikinger Museum Haithabu** vertiefen. Hier werden spektakuläre archäologische Fundstücke ausgestellt und informiert die Ausstellung ausführlich zu der Zeit vor rund 1000 Jahren. Auf dem Rückweg lohnt sich ein schmackhafter Abstecher im Gasthaus **Odins**, wo die Drinks passenderweise Thors Rache, Wikingerblut oder Blauzahntrunk heißen. «

Das Schilf wächst hoch rechts und links auf dem Weg Richtung Runenstein

Neben der Landstraße: eine Kopie des Erik-Steins, der im Museum Haithabu steht

An der Haddebyer Noorbrücke mit Blick Richtung Haithabu

RADELN & GENIESSEN

»START

Bahnhof Schleswig

Die Bahnhofsstraße runterfahren, auf der Friedrichstraße links abbiegen und geradeaus den Schildern bis zur Schlossinsel folgen.

Ein kleiner Wikinger-Stand au dem Weg bietet schöne Dinge au Leder und Holz fe

KM 1,5

Museumsinsel Schloss Gottorf

Am weißen Schloss schlendern

Als Prunkstück Schleswigs, der größten Stadt am Ostseefjord Schlei, liegt das imposante Schloss Gottorf am Rande der Stadt (schloss-gottorf.de). Der weiße Prachtbau zieht alle Blicke auf sich und beherbergt außerdem zwei Museen. Im vorderen Bereich befindet sich eine wunderschöne Gartenanlage, die zum Spazierengehen einlädt. Kleine Aufgabe: die steinernen Skulpturen, die im Park verteilt stehen, ablaufen. Wer findet den jungen Mann Narziss, der sich fatalerweise in sein eigenes Spiegelbild verliebte, eine Bronzeplastik von Ursula Querner (1921 – 1969)?

Mit dem Schloss im Rücken vorne an der Straße nach rechts abbiegen und in einem großen Halbkreis folgen, bis es rechts zum Karpfenteich abgeht. Links in den Kolonnenweg bis zum Kreisverkehr und dem Husumer Baum/Hauptstraße sowie den Schildern bis zum Danewerk folgen. Links am Danewerkmuseum (im Bau) vorbei und den Ochsenweg links auf Rheider Weg abbiegen. Am Margerethenwall liegt rechter Hand der gut begehbare Wall.

Schloss Gottorf: Hingucker am Stadtrand

Der grasige Verteidungswall Danewerk kann noch heute erkundet werden

KM 16

KM 9

2 Das Danewerk

Beim Wall, der die Festung schützte

Ein 30 Kilometer langer, zehn Meter breiter und teilweise fünf Meter hoher Verteidigungswall, dahinter Krieger und Bogenschützen: Das Danewerk wird ab dem 8. Jahrhundert von den dänischen Königen immer weiter ausgebaut. Es erstreckte sich schließlich vom Fluss Treene im Westen bis zur Ostsee und riegelte Jütland bei Haithabu ab. Heute kann man den gewaltigen Schutzwall aus Erde und Steinen nur noch erahnen. Dafür erzählen einem die Infotafeln und kleinen Hinweisschilder die faszinierende Geschichte dieses Ortes. Jeden zweiten und vierten Sonntag im Monat gibt es um elf Uhr einen einstündigen Rundgang durch den Archäologischen Park mit der Besichtigung von fünf Highlights des Danewerks. Die Führung beginnt bei der Baustelle des Danewerkmuseums, also auf der Route rund 200 Meter zurück (danevirkemuseum.de/de/fuerungen).

Vom Wall aus dem Rheiderweg knapp fünf Kilometer bis zum Kreisverkehr an der B77 folgen, die gegenüberliegende Ausfahrt nehmen und links am Kieswerk vorbei, dann links auf die Brekendorfer Landstraße und den vielen Fahrradschildern Richtung Haithabu folgen. Auf Wedelspang weiter geradeaus Richtung Haddebyer Noorbrücke.

3 Sigtrygg-Runenstein

Vergangenheit zum Anfassen

Das Wasser des Haddebyer Noor plätschert vor sich hin, das Schilf wächst hoch, und die Pappeln schillern im Wind. Die Stimmung rund um den 2,10 Meter hohen Runenstein ist besonders. Als uraltes zeitgeschichtliches Dokument steht er auf einer kleinen Wiese, auf der auch ein hölzerner Picknicktisch zur Rast und Muße einlädt. Obwohl der Stein eine Nachbildung ist, dessen Original im Haithabu-Museum (dem übernächsten Stopp) steht, strahlt er doch etwas Mystisches aus. Im Jahre 1797 an der Furt zwischen dem Haddebyer und dem Selker Noor gefunden, bedeutet seine Runeninschrift: »Asfrid machte dieses Denkmal nach (zum Gedenken an) Sigtrygg, ihren und Knubas Sohn«. Laut Fachleuten sollten Runensteine die Erinnerung an die Menschen wachhalten, zu deren Ruhm sie errichtet waren. Unvergesslich sind der Stein und sein Ort allemal.

Mit der Brücke im Rücken geht es den Weg wieder zurück. Am Wedelspang biegt man nach rechts ab, den Schildern zum Wikingerdorf folgend.

Der Sigtrygg-Runenstein wurde laut Expert:innen einst von einer Mutter für ihren Sohn errichtet

KM 18

4 Wikingerdorf Haithabu

Eintauchen ins Wikingerleben

Im Hintergrund erheben sich Wald und saftige Wiesen, auf denen Hochlandrinder grasen, im Vordergrund stehen ein paar reetgedeckte Lehm- und Holzhütten (haithabu.de). Hier ist man mittendrin im Zentrum der ehemals blühenden Stadt Haithabu. Zwischen dem 8 und 11. Jahrhundert wurden hier Waren aus Nord- und Kontinentaleuropa sowie Vorderasien angeboten, Haithabu war ein zentraler Knotenpunkt für den Seehandel. Auf festgestampfter Erde läuft man zwischen sieben rekonstruierten lehmverputzten Flechtwandhäusern hindurch. Eine Schar Hühner pickt am Boden, Angestellte in Wikingerkleidung hacken Holz, an dem breiten Steg im Noor schaukeln hölzerne Kähne im Wasser: Willkommen in der Welt der Wikinger.

Zurück zum Kirchweg, rechts abbiegen und direkt aufs Museum zufahren.

Schattiger Durchgang zwischen den Lehmhäusern im Wikingerdorf

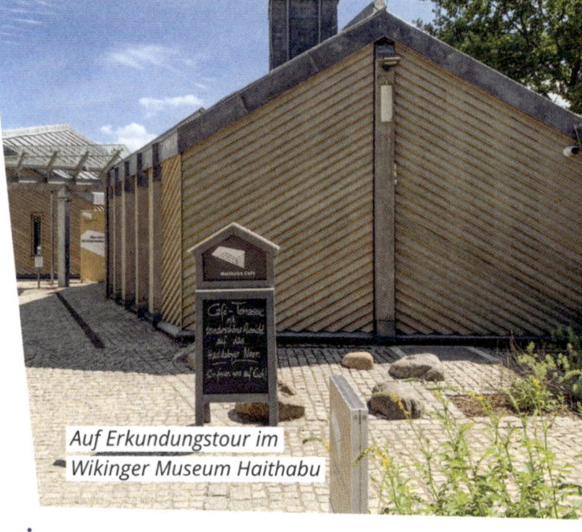

Auf Erkundungstour im Wikinger Museum Haithabu

KM 19

5 Wikinger Museum Haithabu

Auf Tuchfühlung im Ausstellungshaus

Voll mit den Eindrücken, die man am Danewerk, im Dorf und rund um den Runenstein gesammelt hat, kann man sein Wissen im Museum (haithabu.de) vertiefen. Originalfunde, Modelle und animierte Filme über das Alltagsleben der Wikinger lassen einen staunend durch die Ausstellungsräume laufen. Filigran gearbeitete Schmuckstücke und herrliche Nachbildungen der Wikingerkleidung zeigen, was für einen Anspruch die Wikinger an Schönheit und Ästhetik hatten! Es gibt auch eine Schiffshalle mit dem imposanten Wrack eines wikingerzeitlichen Kriegsschiffs (einst das schnellste Gefährt auf der Ostsee), in der man sich in das frühmittelalterliche Hafenleben einfühlen kann.

Rechts auf den Weg Am Haddebyer Noor und bis zur Hauptstraße fahren. Die B76 überqueren und einen kurzen Weg nach rechts rollen: Angekommen!

KM 20

Odins Haithabu

Essen wie ein Wikinger

In der nordischen Mythologie ist Odin der König der Götter und der Vater Thors und überblickt von seinem Thron aus die neun Welten. Von den Raben Hugin und Munin lässt er sich Geheimnisse erzählen. Hier im Gasthaus (www.odins-haddeby.de) hat man zwar keinen Ausblick auf ganze Welten, genießt dafür aber unten am Schleiufer die schöne Aussicht auf Schleswigs Altstadt. Und wer auf der windgeschützten Terrasse den selbst gebrannten Odins Viking Gin probiert hat, verrät vielleicht auch ein paar Geheimnisse. Alternativ bestellt man einen Eiskaffee und setzt sich damit auf einen der bunten Stühle am Wasser. Tipp: Die Winkingerpizza mit dem eingängigen Namen Rotbart samt Deichkäse, Petersilienpesto und »roter Tunke« schmeckt wild und gut.

Zurück auf die Hauptstraße Marienbad und dieser rund einen Kilometer folgen, rechter Hand liegt das Wasser. Durch die Unterführung der Bundesstraße 76 und auf die Gottorfer Straße. Rechts auf die Bahnhofsstraße und zum Bahnhof fahren.

EXTRA INFOS:

Wer Lust auf einen kleinen Abstecher hat, schaut sich den südlich gelegenen **Kograben des Danewerks** (www.haithabu-danewerk.de/kograben) an. Ganz in der Nähe des Hauptwalls gelegen, besteht er aus einem Erdbuckel, der sich markant über die hier sehr flache Landschaft erhebt. Laut Quellen ließ König Blauzahn von Dänemark den Graben Ende des 10. Jahrhunderts bauen.

KM 23 » ZIEL

Bahnhof Schleswig

Im Odins sitzt man im Schatten der Sonnenschirme

AUF EINEN BLICK

- **Start/Ziel:** Bahnhof Schleswig
- **Strecke/reine Radelzeit:** 23 km (Rundtour), 2 Std. 30
- **Höhenmeter:** ↗43 m, ↘43 m
- **Wegbeschaffenheit:** Überwiegend asphaltiert und flach, auf kurzen Teilstücken Wiesenwege und rumpelige Erde mit Baumwurzeln.
- **Beste Zeit:** Das ganze Jahr über. Herbstliche Wälder leuchten in allen Farben und im Winter, wenn der See vereist ist, kann man hier Haubentaucher, Tauchenten und Seeadler beobachten.
- **Mitnehmen:** Kamera, feste Schuhe, Fernglas.

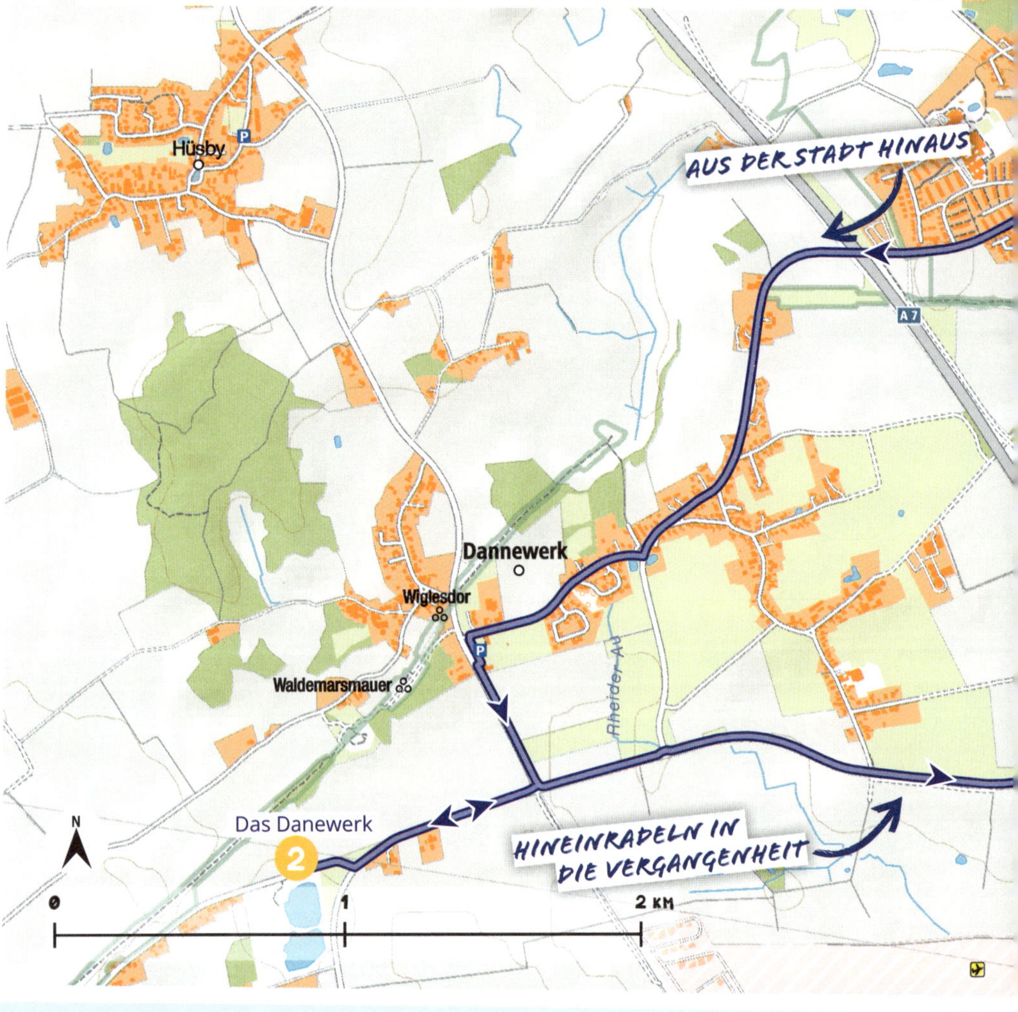

Hüsby

P

AUS DER STADT HINAUS

A 7

Dannewerk

Wiglesdor

P

Waldemarsmauer

Rheider Au

N

Das Danewerk

2

HINEINRADELN IN DIE VERGANGENHEIT

0 1 2 KM

LOLLFUSS
HOLM
FREIHEIT
Burgsee
1 Museumsinsel Schloss Gottorf
Möwenberg 5
DIE STRASSE BIS ZUM SCHLOSS
ZURÜCK IN DIE STADT AN DER SCHLEI
Schlei
B 76
FRIEDRICHSBERG
6 Odins Haithabu
Naturpark Schlei
START & ZIEL
Bahnhof Schleswig
Haddeby
5 Wikinger Museum Haithabu
Busdorfer Teich
B 77
Haddebyer Noor
Loopstedt
AM NOOR ENTLANG
Busdorf
4 Wikingerdorf Haithabu
Lund
Sigtrygg-Runenstein
3
Selker Noor
Niederselk
Selk

DIE RADELPAUSEN

» START
Bahnhof Felde

KM 6
1 Rastbank
Aussicht mit Pferden

KM 10
2 Badestelle Hohenhude
Auf dem Holzweg ist man richtig

KM 13
3 Aussichtspunkt Wrohe
Weit, weit übers Land geht der Blick

6 DEN SEE SEHEN

Rund um den Westensee

Mitten im sanft geschwungenen Ostholsteinischen Hügelland liegt der Naturpark Westensee. Von oben betrachtet, erinnert seine Form an einen Schmetterling – umso schöner, wenn einem auf dieser Tour einer vors Rad flattert!

KM 17

4 Badestelle Westensee
Auf einen Kaffee am Wasser

KM 18

5 Angelsteg am Bossee
Romantischer Fotostopp

KM 23

6 Café Noosh
Zimtschnecken auf der Terrasse

KM 23 » ZIEL

Bahnhof Felde

GRÜN, WOHIN DAS AUGE BLICKT

Die üppige Natur rund um den Westensee malt hier ihre Bilder in den schönsten Grüntönen – mindestens 50 Shades of Green, sozusagen. Ein großer Teil der hügeligen Moränenlandschaft ist von ausgedehnten Wäldern bedeckt, die den Westensee einrahmen. Buchenwälder, aber auch Kiefern und herrliche alte Eichen sind typisch für das Ökosystem des Naturparks. Die Wälder, deren Böden im Frühling mit einem Teppich von Frühblühern wie Buschwindröschen, Hoher Schlüsselblume oder dem seltenen Leberblümchen bedeckt sind, dienen auch als Brutreviere von Seeadler, Uhu, Habicht, Kolkrabe, Schwarzspecht und Hohltaube.

DURCH DEN WALD SAUST ES SICH WIE DURCH EINEN GRÜNEN TUNNEL

Gleich zu Beginn der Tour begegnen einem aber erst einmal Pferde. Nicht verwunderlich: Zahlreiche Höfe bieten Reiterferien, Ausritte, Kutschfahrten oder therapeutisches Reiten an. Von der **Rastbank** an der Schönwohlder Straße aus sieht man die vielen Pferde eines nahegelegenen Hofes. Kurz danach geht es runter von der Schnellstraße und auf eine kaum befahrene Straße, die von schattigen Bäumen gesäumt ist.

Wer die Route im Spätsommer radelt, sollte die Augen offen halten: Die Büsche am Wegesrand hängen voll mit süßen Himbeeren und Brombeeren! An der **Badestelle Hohenhude** wartet dann die kühle Erfrischung im See. Als Nächstes fährt man die kurvige Straße entlang durch die Bäume. Auf halber Strecke kommt man aus dem Wald in die Sonne und verschafft sich vom erhöhten **Aussichtspunkt Wrohe** einen Überblick.

Bald danach rumpelt man über das Kopfsteinpflaster des verschlafenen Dorfes Westensee. Hier stehen hübsche alte Backsteinhäuser, an denen sich Efeu rankt und Stockrosen Spalier stehen. Eine Runde Sand, Wasser und Panorama gibt's an der **Badestelle Westensee**. Weiter am Wasser entlang blitzt zwischen den hohen Bäumen alle paar Meter der Bossee auf. Ein kleiner Stopp beim **Angelsteg** mit Blick auf diesen mit dem Westensee verbundenen See ist sehr zu empfehlen.

Ein letztes kräftiges In-die-Pedale-Treten, und man rollt den Hügel hinab nach Felde hinein, wo im stylischen **Café Noosh** Zimtschnecken locken, bevor man in den Zug steigt.

Himbeeren versüßen jede Pause am Wegesrand

Wunderschönes Häuschen, reetgedeckt und mit traditioneller Türgestaltung

Unzählige Pferdekoppeln liegen auf dem Weg

RADELN & GENIEßEN

» START

Bahnhof Felde

Vom Bahnhof rechts die Klein Nordseer Straße entlang bis zur T-Kreuzung und rechts in die Dorfstraße. Diese wird zur Rendsburger Landstraße, der man lange folgt und dann rechts auf die Schönwohlder Straße abbiegt.

An allen Badestellen zu finden: Rettungsring und Rettungsleine

Kurzes Päuschen auf dem Weg

KM 6

1 Rastbank

Aussicht mit Pferden

Im Idealfall mit einer Thermoskanne voll Tee oder Kaffee ausgerüstet, kann man hier auf der Bank kurz die Beine entspannen und die schöne Natur auf sich wirken lassen. Um einen herum erblickt man die für den Naturpark Westensee typischen sanften Hügel und Täler, Wiesen und Wälder. Auf der Weide, die sich hinter der Bank bis zum Wald erstreckt, grast friedlich eine große Herde Pferde. Viele der Tiere auf dieser Koppel sind Therapiepferde.

Kurz nach dem großen Hof rechts in den Mühlenweg einbiegen, der kurz danach zum Weg Zur Steinfurther Mühle wird. Ein Fahrradschild zeigt nun an, dass der Westensee nur noch 10,5 Kilometer entfernt ist.

Die Badestelle Hohenhude ist ein Ort des Friedens und der Ruhe

2 Badestelle Hohenhude

Auf dem Holzweg ist man richtig

So lange ist man bereits durch das saftige Grün des Waldes gefahren (im Frühling duftet hier der Waldmeister!) und wurde vom blauen Wasser gelockt, das immer wieder zwischen den Bäumen hervorblitzt. An dieser kleinen und meist einsamen Badebucht bekommt man nun endlich die Chance, das Seewasser auf Badetauglichkeit zu überprüfen! Ergebnis: super! Der Westensee ist übrigens Schleswig-Holsteins fünftgrößter See. Er hat eine Oberfläche von knapp sieben Quadratkilometern und ist an einem Punkt über 17 Meter tief. Am besten geht man ganz nah ran, bis ans Ende des Holzsteges, setzt sich hin und atmet mit Blick auf den verträumten See tief durch. Ahhh. Erholung pur!

Immer weiter der wenig befahrenen Straße Lang't Dörp (plattdeutsch für Langes Dorf) folgen, bis man kurz nach dem Naturcampingplatz Wrohe aus dem Wald kommt und eine kleine Anhöhe bezwingen muss.

3 Aussichtspunkt Wrohe

Weit, weit übers Land geht der Blick

Nachdem man ordentlich in die Pedale treten musste, um den Hügel hinaufzukommen, kann man nun entspannt die grandiose Aussicht bestaunen – und stolz sehen, was man schon für eine Strecke geschafft hat. Wieder direkt an einer saftig grünen Pferdekoppel gelegen, lässt es sich auf der Picknickbank unter der riesigen alten Kastanie herrlich verschnaufen. Am Ende des sanft abfallenden Hügels leuchtet der Wald in den unterschiedlichsten Grüntönen, und dazwischen erstreckt sich der Westensee in himmelblau. Wer ein Fernglas dabei hat, erspäht mit Glück beispielsweise einen Seeadler, der in den Wäldern um den See herum heimisch ist.

Kurz vor dem Ortsausgang des Dorfes Wrohe geht es jetzt rechts ab auf den Steindamm. Die Straße wird zu Langnis und Am See und führt direkt hinein in das Dorf Westensee. Vielleicht erst noch eine Runde durch den Dorfkern mit Kirche machen, bevor man in Richtung See und Badestelle weiterradelt.

Blick auf Pferde, Felder und Wälder

Stand-up-Paddler beginnen an der Badestelle gern ihre Tour

KM 17

4 Badestelle Westensee
Auf einen Kaffee am Wasser

Der moderne Bau des Gasthauses vor der Badestelle (www.gasthaus-westensee.de) wirkt fast anachronistisch, nachdem man zuvor durch das verschlafene Dorf Westensee geradelt ist, das schon im Jahr 1253 namentlich erwähnt wurde. Große Glasfronten blicken auf den ruhigen See. Tipp: Auf eine der Bänke auf dem Steg setzen oder besser noch gleich in den feinen Sand. Für Familien ist die Badestelle aufgrund des flachen Wassers perfekt. Oft starten hier auch Stand-up-Paddler oder Kanufahrer ihre Tour. Außerdem steht eine WC-Anlage zur Verfügung, und beim Gasthaus gibt es eine E-Bike-Ladestation!

Rechts vom Parkplatz geht es über eine schmale Holzbrücke hinein in den Wald. Immer weiter durch den Wald und ein kurzes Stück die Dorfstraße entlang bis zum Bossee fahren.

KM 18

5 Angelsteg am Bossee
Romantischer Fotostopp

Wie der Westensee, mit dem er verbunden ist, entstand der Bossee während der letzten Eiszeit. Der 32 Hektar große See ist ein extrem beliebtes Angelrevier, in dem sich Aale, aber auch Hechte, Schleien und Brassen tummeln. Mit Geduld und Glück kann man wohl auch Karpfen und Zander angeln. Alle paar Meter ragen aus versteckten Buchten kleine romantische Holzstege in den See, die sich auch als wunderschöne Fotomotive eignen! Tipp: Wer sich mal den Spaß machen möchte, googelt »Angeln am Bossee«: Die riesigen Fische, die dann auf Bildern zu sehen sind, wirken beeindruckend – und auch ein bisschen angsteinflößend.

Die Bosseer Schoor Straße entlangfahren und einen etwas längeren sanften Anstieg bewältigen, bis die Straße zur Dorfstraße wird und in den Ort Felde führt. Immer geradeaus. Das Café rechts vor der Bahnschranke kann man nicht verpassen.

Von diesem Steg aus ziehen Angler riesige Fische aus dem Wasser

Ein toller Ort für Groß und Klein: das Café Noosh

KM 23

6 Café Noosh

Zimtschnecken auf der Terrasse

Erst 2021 eröffnet, bieten die jungen Besitzer Esther und Mazi in ihrem selbst ernannten Wohnzimmercafé (www.cafe-noosh.de) köstliche, hausgemachte Leckereien -- meist bio, regional und oft auch vegan. Noosh bedeutet auf Farsi (die Amtssprache im Iran) so viel wie »Guten Appetit« oder »Prost «. Das sei auch ihre Devise, sagen sie, und das spürt man: Die Stimmung in dem gemütlichen Laden ist offen und warm, es läuft schöne Musik, und für Kinder gibt es eine einladende Spielecke. Am schönsten ist es, sich mit einem Getränk und einem der selbst gebackenen Zimtbrötchen auf die Terrasse zu setzen und den herrlichen Blick auf die Landschaft zu genießen.

Der Bahnhof befindet sich direkt um die Ecke vom Café.

KM 23 » ZIEL

Bahnhof Felde

Die selbstgemachten Zimtschnecken des Cafés sind ein Traum

Neunordsee
A 210
Klein Nordsee
Achterwehr
Bahnhof Felde
START & ZIEL
6
Café Noosh
Ranzel
Hasselrade
Felder Holz
Felde
Felder See
Wulfsfelde
Ahrensee und nordöstlicher Westensee
IMMER AM SEE ENTLANG
Bossee
Resenis
Großsteingrab Bossee
5
Angelsteg am Bossee
DURCH DEN GRÜNEN TUNNEL AUS BÄUMEN
Westensee
4
Westensee
Badestelle Westensee
Mühlenteich
ÜBERS KOPFSTEIN-PFLASTER
Blotenberg 68
Tüteberg 88
Aussichtspunkt Wrohe
3
Wrohe
N
0
1
2 KM
Josephinenhof
Eider

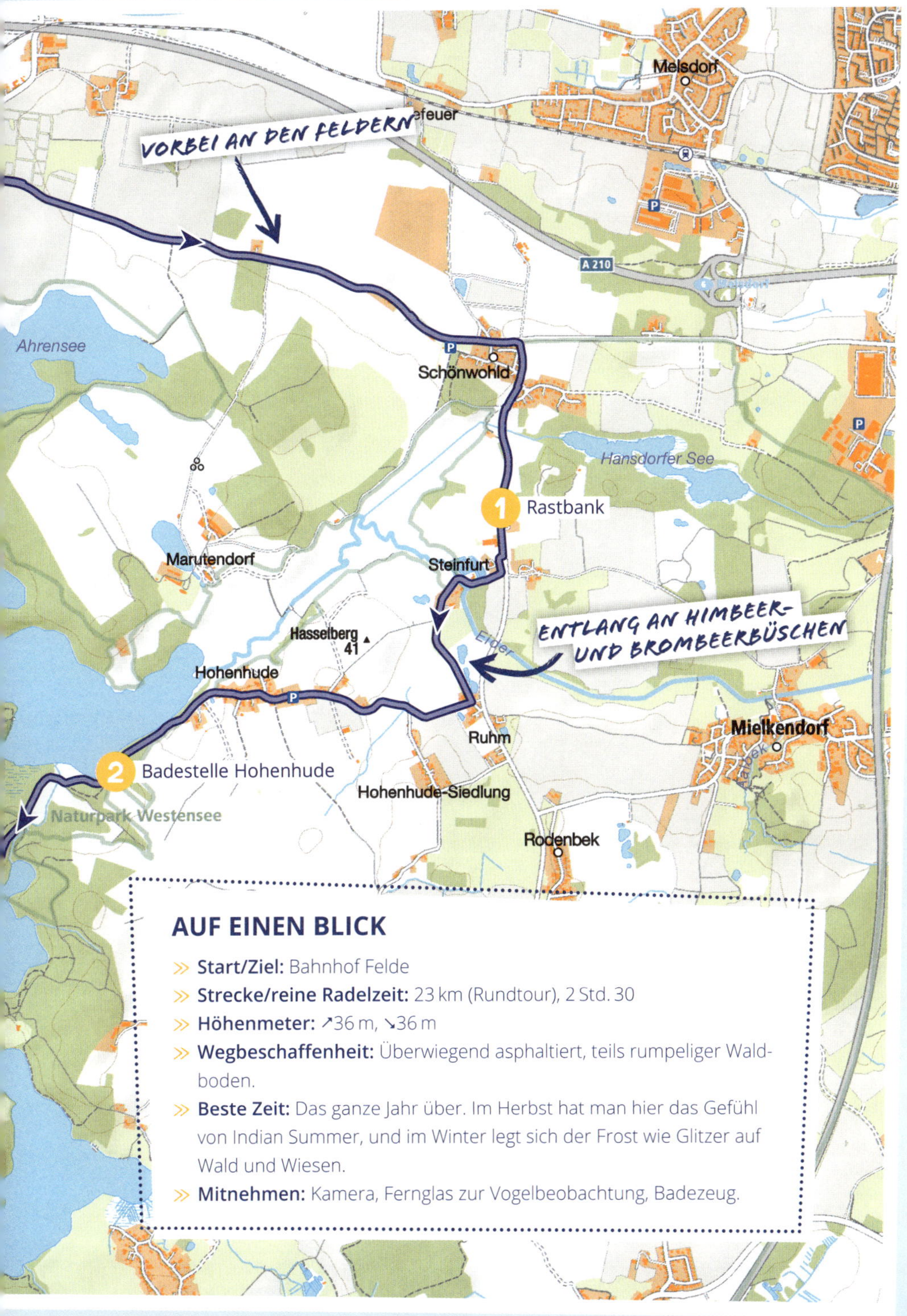

AUF EINEN BLICK

- **Start/Ziel:** Bahnhof Felde
- **Strecke/reine Radelzeit:** 23 km (Rundtour), 2 Std. 30
- **Höhenmeter:** ↗36 m, ↘36 m
- **Wegbeschaffenheit:** Überwiegend asphaltiert, teils rumpeliger Waldboden.
- **Beste Zeit:** Das ganze Jahr über. Im Herbst hat man hier das Gefühl von Indian Summer, und im Winter legt sich der Frost wie Glitzer auf Wald und Wiesen.
- **Mitnehmen:** Kamera, Fernglas zur Vogelbeobachtung, Badezeug.

DIE RADELPAUSEN

» START
Bahnhof Plön

KM 6
1 Pausenbank mit Aussicht
Weit geht der See

KM 10
2 St.-Petri-Kirche Bosau
Der kleinste Dom der Welt

KM 25
3 Dersau
Barfuß spazieren am Strand

7 AM LIEBLINGS-SEE

Rund um den Großen Plöner See

Eingebettet in die sanften Hügelketten der Seenlandschaft der Holsteinischen Schweiz, ist diese Tour rund um den größten See Schleswig-Holsteins ein einzigartiges Naturerlebnis. Und das i-Tüpfelchen: die herrlichen Blicke aufs gleißende Plöner Schloss über dem Wasser!

KM 36

4 Prinzeninsel

Baden mit kaiserlichem Ausblick

KM 38

5 Plöner Schloss

Backstage in der leuchtenden Residenz

KM 39

6 Café Tarte

Ein bisschen »savoir vivre«!

KM 39 » ZIEL

Bahnhof Plön

BLAU UND SPIEGELGLATT …

… liegt er da: der schon mehrfach zum Lieblingssee Schleswig-Holsteins gekürte Große Plöner See. Auf dieser Tour radelt man durch schattige Wälder, zwischen denen das Wasser aufblitzt, rastet an kleinen Buchten, rollt vorbei an hochherrschaftlichen Gütern und genießt immer wieder den Blick auf das Plöner Schloss, das gleißend weiß in der Ferne über dem See thront.

Aus Plön heraus geht es direkt ins kühle Grün hinein. Hier ist die Luft sofort klar und frisch und duftet nach Waldboden, Tannennadeln und Erde. Nachdem man eine erste Rast auf der **Pausenbank mit Aussicht** in der verborgenen Bucht gemacht hat, fährt man weiter über die Naturpfade. Mal durch waldige Stellen, dann zwischen Feldern. Immer wieder sieht man dabei zwischen den Bäumen den See aufblitzen. Mit Glück gleitet gerade ein Boot mit weißen Segeln vorbei. Ein fast zu schöner Anblick: der knallblaue See mit dem weißen Farbkleks, die im Wind wiegenden üppigen Bäume und die gelben Felder. Traumhaft!

KURZ VOR PLÖN BIEGT MAN UM DIE ECKE – UND PLÖTZLICH RÜCKT DAS RIESIGE SCHLOSS IN DEN BLICK

Im Örtchen Bosau radelt man an alten Häusern vorbei bis zum **kleinsten Dom der Welt** und weiter durch das Naturschutzgebiet des Großen Plöner Sees. Der größte und inselreichste See Schleswig-Holsteins ist auch eines der bedeutendsten Vogelbrutgewässer des Landes und liegt im Hauptzugweg nordischer Vögel. Vor allem im Frühjahr und Herbst, wenn große Scharen an Enten und Tauchern ihr Gefieder mausern, gibt es für Vogelbegeisterte viel zu sehen.

Bevor man in **Dersau** an der kleinen Badebucht die Füße im Sand vergräbt, fährt man über die Halbinsel Nehmten durch eine wunderschöne Landschaft und folgt verschlungenen kleinen Rad- und Wanderpfaden. Anschließend geht es ein langes Stück von Dersau durch die Orte am See, immer mit tollen Ausblicke, und die von dichten Bäumen gesäumte Landzunge der **Prinzeninsel** entlang.

Auf dem Weg zum **Plöner Schloss** passiert man das Seeufer unterhalb Plöns und besucht zum Schluss das versteckte stilvolle **Café Tarte**, wo man, das Rauschen des Baches im Ohr, die fleißigen Beine hochlegen kann. «

RADELN & GENIEßEN

Zwischen hohen Bäumen versteckt sitzt man hier direkt am See und genießt die Ruhe des Waldes

»START

Bahnhof Plön

Vom Bahnhof Plön folgt man den Fahrradschildern Richtung Bosau und der Eutiner Straße, bis diese rechts in den Missionsweg abbiegt. Diesem einfach nach, bis es im Wald rechts auf den Rad-Wanderweg Bosau geht.

KM 6

1 Pausenbank mit Aussicht

Weit geht der See

Spiegelblank liegt der See vor einem wie eine blaue Scheibe

Auf diesem schmalen Stück zwischen dem Westensee und dem Vierer See, der hier zum Viererseegraben geworden ist, führt der Rad- und Wanderweg durch einen lebendigen Wald. Alte Baumriesen stehen dort neben Bäumen mit knorrigen, verdrehten Stämmen, abgestorbenen Baumstümpfen und Totholz. Statt Aufgeräumtheit also mehr Wildheit, was nicht nur schön anzusehen ist, sondern auch der Biodiversität im Wald sehr zuträglich ist! Rechts vom Weg verläuft ein Pfad zu dieser Raststelle mit Bank und phänomenaler Aussicht. Der Blick geht, eingerahmt von üppigen Bäumen, auf den spiegelglatten See und das gleißende Plöner Schloss auf der anderen Seite.

Weiter dem Rad- und Wanderweg folgen bis an der Weggabelung am Wald die Schilder nach Bosau weisen. Geradeaus durch Bosau hindurch, bis es rechts auf die Straße Bischof-Vicelin-Damm geht. Einfach bis zur Kirche rollen.

KM 10

2 St.-Petri-Kirche Bosau
Der kleinste Dom der Welt

Umgeben vom kleinen Bischofssee und dem Großen Plöner See liegt die malerische Kirche von hohen Bäumen umstanden auf der Bosauer Halbinsel. In den Jahren 1151/52 im spätromanischen beziehungsweise frühgotischen Stil von Bischof Vicelin aus Feldsteinen erbaut, wird sie auch der kleinste Bischofsdom der Welt genannt. Zu Vicelin erzählt die Bosauer Kirchengemeinde die Geschichte, dass er nach seiner Weihe zum Bischof 1149 in Oldenburg in Bosau zunächst unter einer Buche sein Lager aufschlug, bis er mit dem Bau einer Hütte zugleich den Grundstein zum Gotteshaus legte. 1154, also kurz nachdem er die Kirche dem Apostel Petrus weihte, verstarb Vicelin. Heute strahlt das Gebäude eine Ruhe und einfache Schönheit aus. Am besten setzt man sich auf die Bank wenige Meter vom Portal und genießt mit Blick auf den See die friedliche Atmosphäre.

Der Stadtbeker Straße vorbei an der Badestelle Bosau aus dem Ort heraus folgen. Bei Bredenbeck rechts halten und auf die Straße Im Sande. Nun führt ein kleiner Rad- und Wanderweg durch die herrliche Natur der Halbinsel Nehmten. Auf die Tensfelder Au und über das Gut Nehmten sowie Godau bis nach Dersau. Am Ortseingang gibt es einen Spazierweg hinunter ans Wasser.

Kein Zwergenbau, aber für einen Dom winzig: die St.-Petri-Kirche

KM 25

3 Dersau
Barfuß spazieren am Strand

Nachdem man eine traumhafte Naturrunde durch Wälder und Wiesen hinter sich hat, kann man sich nun ganz gepflegt in den Sand plumpsen lassen und die Aussicht und die Stimmung genießen, während man die Beine ausruht. Über den See gleiten kleine Segelschiffe mit weißen Segeln und Stand-up-Paddelboards ruhig vor sich hin, während Schwimmer:innen das Wasser durchmessen. Im Vergleich zur Uferpromenade und der großen Badestelle und Liegewiese in unmittelbarer Nähe ist hier an der kleinen Bucht meistens nicht viel los, sodass man in Ruhe ein kleines Picknick machen kann. Alternativ legt man sich einfach mal kurz auf den Rücken in den Sand, schaut in den Himmel und atmet tief durch ...

Aus Dersau hinaus führt der Weg immer grob am See entlang über Ascheberg und Koppelsberg. Der Beschilderung Richtung Plön und Prinzeninsel folgen. Auf der Prinzeninsel rechts halten und geradewegs auf die Spitze der Halbinsel zuhalten. Rechter Hand kommt die Badestelle.

Es gibt kaum etwas Schöneres, als die Füße tief in warmen Sand zu graben ...

GROSSER SEE, KLEINES GOTTESHAUS

Wunderschöne Fischmotive auf den Türknäufen des kleinen Doms

KM 36

Prinzeninsel

Baden mit kaiserlichem Ausblick

Auf diese besondere Landzunge, die zwei Kilometer lang und stellenweise nur 30 Meter breit ist, gelangt man nur mit dem Fahrrad oder zu Fuß. Im Jahre 1910 von Kaiser Wilhelm II. gekauft, befindet sie sich bis heute im Besitz seiner Nachfahren. Die Söhne des Kaisers sollen hier die Landwirtschaft schätzen gelernt haben. Auch ihre Mutter, Kaiserin Auguste Victoria, verbrachte vor Ort wohl gerne geruhsame Tage. Kein Wunder: Die Natur ist besonders idyllisch. Zwischen riesigen alten Bäumen blitzt rechts und links immer mal wieder das Wasser auf, und an der Badestelle mit dem 100 Meter breiten, flach abfallenden Sandstrand genießt man den sensationellen Ausblick auf den See sowie auf kleine waldige Inseln. Über die Badenden wacht der DLRG, außerdem gibt's einen Kiosk, Toiletten, Duschen und einen Spielplatz.

Den Waldweg über die Prinzeninsel wieder zurück, an der Weggabelung Siebenstern nach rechts und am Ufer den Strandweg entlang. Letzterer wird auch Plöner Planetenpfad genannt, weil hier kleine Tafeln die Planeten erklären. Das Rad kurz die steilen Gassen hochschieben.

Royales Entspannen auf der Prinzeninsel

Das Plöner Schloss thront über dem See

KM 38

5

Plöner Schloss

Backstage in der leuchtenden Residenz

Einst Sommerresidenz des dänischen Königs

Zwischen 1633 und 1636 während des Dreißigjährigen Krieges entstanden, thront das Wahrzeichen Plöns prunkvoll auf einer Anhöhe und ist schon von Weitem zu sehen. Das ursprünglich vom Plöner Herzog Joachim Ernst errichtete Backsteinschloss, ziegelrot geschlämmt, mit sandsteingefassten Fenstern und rotem Ziegeldach, bekam erst im 19. Jahrhundert seinen charakteristisch weißen Anstrich und das Schieferdach. Der dänischen König Christian VIII. (1786 – 1848) hatte Plön nämlich zu seinem Sommersitz auserkoren und ließ das Schloss von Grund auf renovieren und umbauen. Bei Führungen (Anmeldungen unter www.fielmann-akademie.com/schloss-ploen/besichtigung) können die rekonstruierte Kapelle, der Rittersaal und die herzoglichen Gemächer besichtigt werden.

Vom Schloss direkt geradeaus hinunter in die Plöner Altstadt rollen und das Fahrrad über den Marktplatz schieben. Auf der kurzen Brücke über der Schwentine schließt man das Rad an und steigt auf Höhe der Lübecker Straße 10 die kleine Wendeltreppe hinunter.

KM 39

Café Tarte

Ein bisschen »savoir vivre«

Das Bistro und Café (www.tarte-ploen.de) ist der perfekte Ausklang für die Tour – eine kleine, französisch angehauchte Idylle mitten in der Plöner Innenstadt, dennoch ruhig und abgeschieden gelegen. Jeden Tag sind verschiedene hausgemachte süße oder herzhafte Varianten im Angebot. Der perfekte Ort also, um die Beine auszuruhen und bei einem Kaffee und einer Quiche (zum Beispiel Gorgonzola-Birne) die Fotos der Tour zu sichten. Man sitzt übrigens auf der Außenterrasse oberhalb des leise vor sich hinplätschernden Baches der Schwentine oder im gemütlichen Innenbereich im Shabby-Chic-Stil. Hier kann man ihr wirklich frönen: der Kunst, das Leben zu genießen!

Die Lübecker Straße hinunterrollen – in einer Minute ist man schon am Bahnhof angekommen.

EXTRA INFOS:

Wer sich nach dem ersten Drittel der Tour mit einem Frühstück stärken möchte, sollte in ● **Strauers Hotel** (strauershotel.de/restaurant/#cafe) Halt machen. Bei schönem Wetter sitzt man auf der Seeterrasse mit tollem Panorama aufs Wasser. Besonders lecker ist das »ausgiebige Verwöhnfrühstück«, explizit auch für externe Besucher.

Bahnhof Plön

Die Gorgonzola-Birnen-Quiche: très bon!

Gemütlich sitzen im Café Tarte

Langenrade
Dörnick
Gut Wittmoldt
Kleiner Plöner See
Rosengarten
Karperbeek
Hohenlieths-Berg
44
Lindau
Röhrtang
Radebrook
Teichholz
Marienhof
Hinterste Wache
Ascheberg
Oha
UM UFER ENTLANG
Mühlenbach
NSG
Kalübber Holz
Alswarder
Schwiddeldei
Schloss Ascheberg
Inseln im Großen Plöner See und Halbinsel Störland
Hofkamp
Godau
Sepel
Strand Dersau
3
Kalübbe
Dersau
Pferdekoppel
Tannholz
B 430
Nehmtener Forst
Eichholz
Vierhusen
DURCH DEN WALD SCHLÄNGELN
Großsteingrab Nehmten 7
Großsteingrab Nehmten 4
Sande
Stocksee
Stocksee
Großsteingrab Nehmten 2
Großrethberg
Karkhoop
Halbinsel Blindenberg
Kleine Insel
NSG
Lange Insel
0
1
2 KM
Bei dem Grundlosen Moor
Teufelsberg
Hornsmühlen
Bredenbek

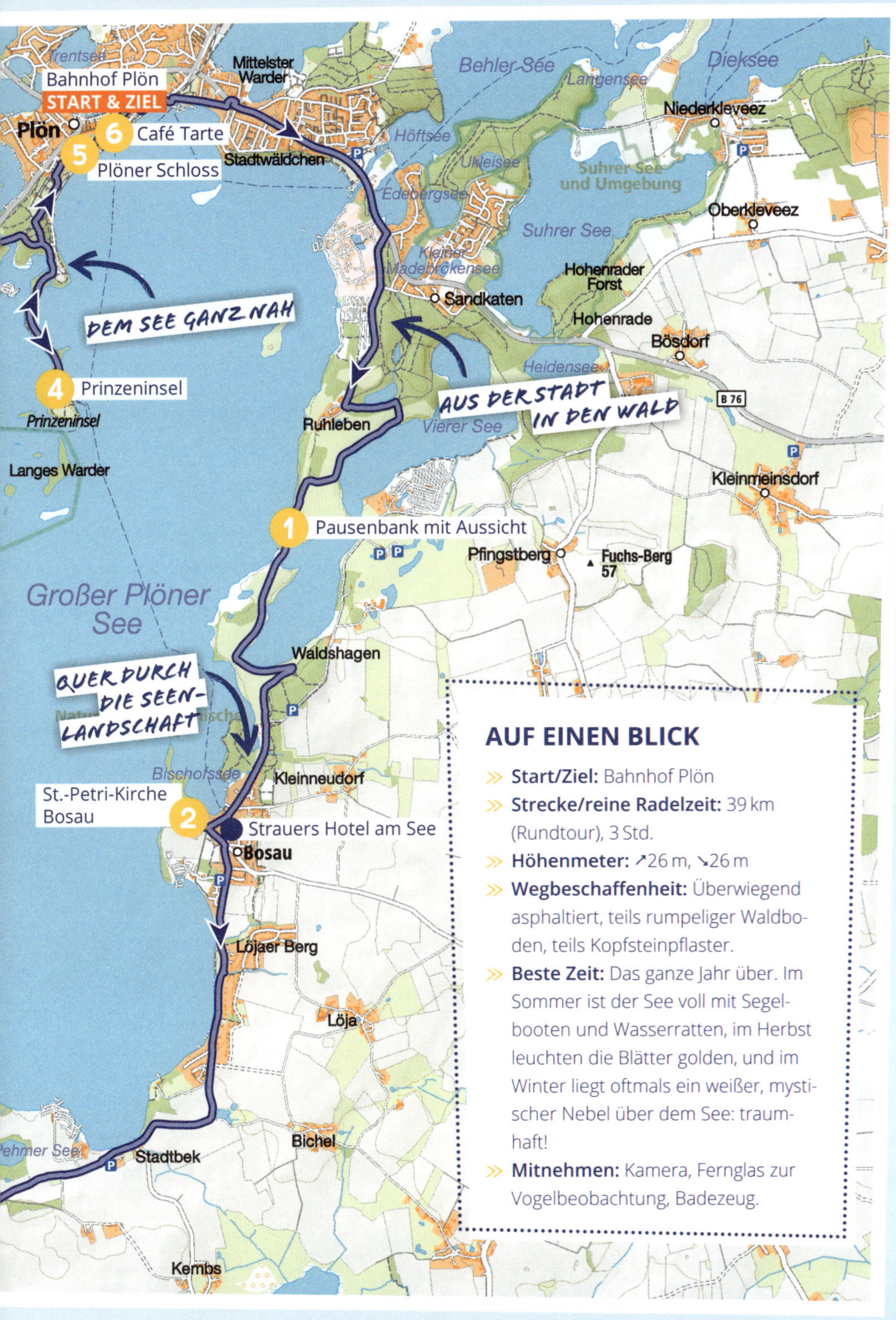

AUF EINEN BLICK

- **Start/Ziel:** Bahnhof Plön
- **Strecke/reine Radelzeit:** 39 km (Rundtour), 3 Std.
- **Höhenmeter:** ↗26 m, ↘26 m
- **Wegbeschaffenheit:** Überwiegend asphaltiert, teils rumpeliger Waldboden, teils Kopfsteinpflaster.
- **Beste Zeit:** Das ganze Jahr über. Im Sommer ist der See voll mit Segelbooten und Wasserratten, im Herbst leuchten die Blätter golden, und im Winter liegt oftmals ein weißer, mystischer Nebel über dem See: traumhaft!
- **Mitnehmen:** Kamera, Fernglas zur Vogelbeobachtung, Badezeug.

DIE RADELPAUSEN

» START
Bahnhof Lübeck-Travemünde

KM 2
1 Priwall
Am Halbinselstrand

KM 6
2 Brodtener Steilküste
Million-Dollar-Panoramen

KM 14
3 Timmendorfer Strand
Am berühmtesten Strand Deutschlands

GROßE SEEBÄDER-TOUR

Von Travemünde über den Timmendorfer Strand bis nach Neustadt

Immer an den herrlichen Stränden der Lübecker Bucht entlang. Hier stehen die Strandkörbe Spalier, pustet die frische Meeresluft den Kopf frei und laden der weiße Sand und das opalblaue Wasser ein zum Sonnenbad mit Sprung ins Nass.

KM 19
4 Scharbeutz
Kaffee unter Palmen

KM 28
5 Jachthafen Neustadt
Salzwiese, Strand und dicke Karren

KM 30
6 Neustadt
Der Fischbrötchen-Tempel

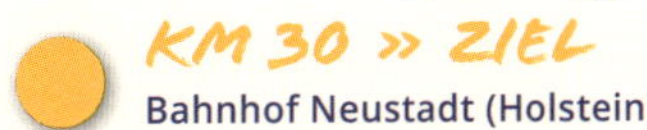

KM 30 » ZIEL
Bahnhof Neustadt (Holstein)

EINE RICHTIGE GENUSS-TOUR

Anders kann man diesen herrlichen Trip entlang legendärer Seebäder und der beliebtesten Strände Deutschlands nicht nennen. Er lockt nicht nur mit feinem weißem Sand, bunten Strandkörben und dem blauen Meer. Dazwischen passiert man auch noch atemberaubende dunkelgrüne Wälder an der Steilküste entlang, lässt sich den Kopf von der Meeresbrise freipusten und isst ein Eis mit den Füßen im Sand oder ein Fischbrötchen direkt vom Boot.

Vom Bahnhof aus rollt man quasi direkt auf die kleine Fähre, die über das glitzernde Wasser der Trave zur Halbinsel **Priwall**, dem ehemals nördlichsten Teil der innerdeutschen Grenze zur DDR, schippert. Zurück auf der Travemünder Seite geht es dann einfach immer entlang an der herrlich breiten Promenade. Am Strand duftet es nach Meer und Pommes. Drachen flattern in der Luft, Möwen kreischen und Kinder lachen.

ENTLANG DER STEILKÜSTE BLITZT ZWISCHEN DEN BÄUMEN IMMER WIEDER DAS MEER AUF

Nach einiger Zeit radelt man in das waldige Naturschutzgebiet des Brodtener Ufers hinein, entlang der **Brodtener Steilküste**, und fährt durch schattige Buchen- und Eichenwälder, deren Äste sich wie ein Dach hoch in den Himmel recken. Unten brandet das Meer auf den steinigen Strand. Das Steilufer beherbergt zudem eine der größten Uferschwalbenkolonien des Landes, und auch Reiher-, Berg- und Eiderente sowie Blässhuhn nutzen die Meeresbereiche unten am Strand als Rastplatz und Nahrungsraum.

In Niendorf grüßt nun wieder das geballte (Strand-) Leben! Nach kurzem Abstecher durch das Städtchen geht es bald direkt auf die Promenade und am **Timmendorfer Strand** entlang, wo kleine Strandkorbvermietungen wie dann auch später in **Scharbeutz** die Ostseeoase einladen, bei einem Eis eine kurze Rast mit Blick aufs Wasser zu machen. Auf der langen Promenade heißt es sehen und gesehen werden – und so radelt oder schiebt man sein Rad durch die High Society des Strandes, die es schafft, aus Sonnenbrille, Bikini und Strandhandtuch ein elegantes Outfit zu zaubern.

Die letzte Etappe führt vorbei am **Neustädter Jachthafen** in die Innenstadt zum **Fischtempel**. Mit einem köstlichen Fischbrötchen in der Hand dürfen wir die Beine nun ruhen lassen. «

Der Otto-Timmermann-Brunnen vor der St.-Lorenz-Kirche in Lübeck

Altes Fachwerkhaus schräg gegenüber vom Brunnen

Brodtener Steilküste: Weit geht der Blick über die Lübecker Bucht

RADELN & GENIEßEN

» START
Bahnhof Lübeck-Travemünde

Vom Bahnhof geradeaus den Hirtengang nehmen, der direkt von der Vogteistraße abgeht. Runter zum Fährvorplatz, an dem der Stadtverkehr Lübeck die Fähre Priwall betreibt.

KM 2

1 Priwall

Am Halbinselstrand

Vermutlich war der Priwall ursprünglich eine Insel, deren Landverbindung erst im 13. Jahrhundert durch einen Steinwall gesichert wurde. In früheren Tagen wohl vorwiegend als Schafweide genutzt, entstand die erste Badeanstalt 1847. Zu Zeiten der DDR wurde der Priwall wieder zu einer Art Insel, als die einzige Landverbindung nach Mecklenburg-Vorpommern den nördlichsten Teil der innerdeutschen Grenze markierte. Heute steht der Priwall größtenteils unter Naturschutz. Und so bieten die moderne Promenade mit Cafés und der lange Sandstrand den Kultur-Kontrast zur geschützten Natur der Halbinsel. Tipp: Sich mit einem Kaffee an den Strand setzen und die Schiffe beobachten, die aus der Trave hinaus auf die offene Ostsee gleiten.

Der Strandpromenade folgen, bis es nicht mehr weitergeht. Mit der Fähre übersetzen, an der nächsten Strandpromenade entlang und über den Parkplatz der Kaiserallee in die Straße Helldahl bis zum Wald. Entlang der Küste weiter, vorbei am Erlebniscafé Hermannshöhe.

Viele Seemeilen auf dem Buckel: die Viermastbark Passat am Priwallufer

Brodtener Steilküste
Million-Dollar-Panoramen

Mitten im Landschaftsschutzgebiet bildet die rund vier Kilometer lange Steilküste einen traumhaften Naturabschnitt der Tour. Hier radelt man durch herrliche Wälder mit hohen alten Buchen und Eichen und kurzen Feldabschnitten, immer entlang der teils 20 Meter hohen Uferkante (keine Sorge, man kommt der Kante nie zu nah!). Immer wieder laden Sitzbänke zur kurzen Rast mit fantastischen Panoramablicken auf die Lübecker Bucht und die kleinen und großen Schiffe auf der Ostsee. Entweder macht man dort Halt, oder kurz nachdem man am Erlebniscafé Hermannshöhe vorbeigeradelt ist. Rund einen Kilometer vor Niendorf geht eine kleine Treppe (die einzige Verbindung!) rechts ab und auf den wilden, steinigen Strand hinab. Bei starker Brandung wird der schmale Strand vom Meerwasser vollständig überspült.

Auf der Brodtener Straße weiter, bis es das erste Mal vom Strand aus über die Ostseeallee stadteinwärts geht. Der Travemünder Landstraße nach rechts folgen, dann rechts auf den Weg An der Acht, der hinunter an die Strandpromenade des Timmendorfer Strandes führt.

Von oben sieht man besser: Brodtener Steilküstenpanorama!

In Scharbeutz wird der Strand ein wenig ruhiger

KM 14

Timmendorfer Strand
Am berühmtesten Strand Deutschlands

Der wohl berühmteste Strand Deutschlands hat alles zu bieten, was man sich wünscht: sieben Kilometer feinsten Sand, klares Ostseewasser, Dünen, großzügige, von schattigen Kiefern gesäumte Promenaden und dahinter alte und neue Villen. Hier parken entlang der Straße Porsches, und auf den Spazierwegen wandelt so mancher Promi ... Alle paar Meter gibt es Strandzugänge, die von kleinen privaten Strandkorbvermietungen „»bewacht« werden. Hier muss jeweils die Kurabgabe gezahlt werden (Tageskarte 3 Euro, ab 15 Uhr 1,50 Euro), und meistens kann man auch Eis oder Kaffee kaufen. Wer nur kurz Rast machen möchte, sagt den Budenbesitzern Bescheid, dann darf man sich auch ohne Abgabe (mit Eis in der Hand?) umschauen, bevor man sich wieder auf den Sattel schwingt.

Der Strandpromenade bis zur Strandkorbvermietung Ostseeoase folgen. Wenn viel los ist, unbedingt absteigen und schieben.

Kaffee unter Palmen mit Meerblick

KM 19

4 Scharbeutz

Kaffee unter Palmen

Deutlich ruhiger und entspannter als am direkt angrenzenden Timmendorfer Strand ist es hier in Scharbeutz im Süden der Lübecker Bucht. Die freundlichen Betreiber der Ostseeoase (www.die-ostsee-oase.de) haben vor allem ein nettes kleines Päuschen-Idyll geschaffen mit einer Sitzecke und einem Strandkorb, der von Palmen gesäumt ist. Hinter der neugestalteten Dünenpromenade mit einem Käffchen zu sitzen und auf den Strand zu schauen, hat einfach eine einmalige Urlaubsqualität.

Den Promenadenweg bis zum Ende fahren, dann links den Bergweg hoch. Diesem folgen, bis er auf die Pohnsdorfer Straße trifft. Am Hansapark vorbei immer weiter, in Neustadt rechts runter Richtung Marina Resort und Meyer's Sea Lounge. Dann einfach bis an das Wasser rollen.

KM 28

5 Jachthafen Neustadt

Salzwiese, Strand und dicke Karren

Hier kann man ein bisschen Saint-Tropez-Stimmung (eben nur in Deutschland) atmen! Mit 1400 Liegeplätzen der größte private Jachthafen an der Ostsee, gibt es allerhand imposante Boote zu sehen. Am Uferparkplatz stehen prollige Autos, und die Drinks in der Sea Lounge (www.meyers-sealounge.de) haben es sicher in sich. Wer es natürlicher mag, wandert zum entspannten kleinen Strand neben der Salzwiese, der mit einem Spielplatz und flachem Wasser auch etwas für Familien ist, die – ohne Kurtaxe zu zahlen – noch eine Runde baden gehen wollen.

Den Weg zurück zur Straße Am Holm. Dieser folgen und an der Bahnhofsstraße links bis zur Straße Auf dem Brückentor. Links von der Brücke liegt das Neustädter Binnengewässer, rechts der Stadthafen Neustadt.

Fisch vom Kutter: der Fischbrötchen-Tempel von Neustadt

Die Luft flirrt, auf dem Wasser dümpeln Jachten und in der Luft liegt das Zirpen der Zikaden. Hochsommer in Neustadt

KM 30

6 Neustadt

Der Fischbrötchen-Tempel

KM 30 » ZIEL

Bahnhof Neustadt (Holstein)

Genau so sollte eine Genuss- und Strandrunde wie diese enden: knuspriges Fischbrötchen in der einen Hand, kühles (alkoholfreies) Bier in der anderen, Füße hoch und den geschäftigen Fischereihafen Neustadts beobachten. Hier kreischen die Möwen, legen Fischkutter an und entladen ihren Fang, außerdem gleitet so manch ein SUP vorbei. Wer sich mit Fischbrötchen auskennt, weiß, dass von der Brötchenqualität viel abhängt. Hier im Fischtempel, der seinem Namen alle Ehre macht, schmeckt der Fisch fangfrisch und lecker, und auch die Brötchen sind knackig und gut. Der Fisch kommt laut den Besitzern ausschließlich aus der Ostsee und von Fischer:innen der Region. Sehr zu empfehlen ist der Klassiker: Matjesbrötchen mit Salatcreme und Zwiebelringen – köstlich!

Ein kleines Stück zurück auf der Lienaustraße, dann links die Bahnhofsstraße hinunter bis zum Bahnhof.

Matjes-Brötchen und dazu etwas Kühles, Erfrischendes: perfekt!

AUF EINEN BLICK

- **Start:** Bahnhof Lübeck-Travemünde
- **Ziel:** Bahnhof Neustadt
- **Strecke/reine Radelzeit:** 30 km (Streckentour), 3 Std.
- **Höhenmeter:** ↗35 m, ↘35 m
- **Wegbeschaffenheit:** Überwiegend asphaltiert, teils rumpeliger Waldboden, teils Kopfsteinpflaster.
- **Beste Zeit:** Im Sommer hat man natürlich das klassische Seebad-Gefühl, im Herbst, Winter und Frühling verströmen die Strände aber auch ihren Charme. Dick in der Daunenjacke eingemummelt am Strand ist es ebenfalls herrlich!
- **Mitnehmen:** Sonnencreme, Badezeug.
- **Kombinierbar mit:** Tour 17

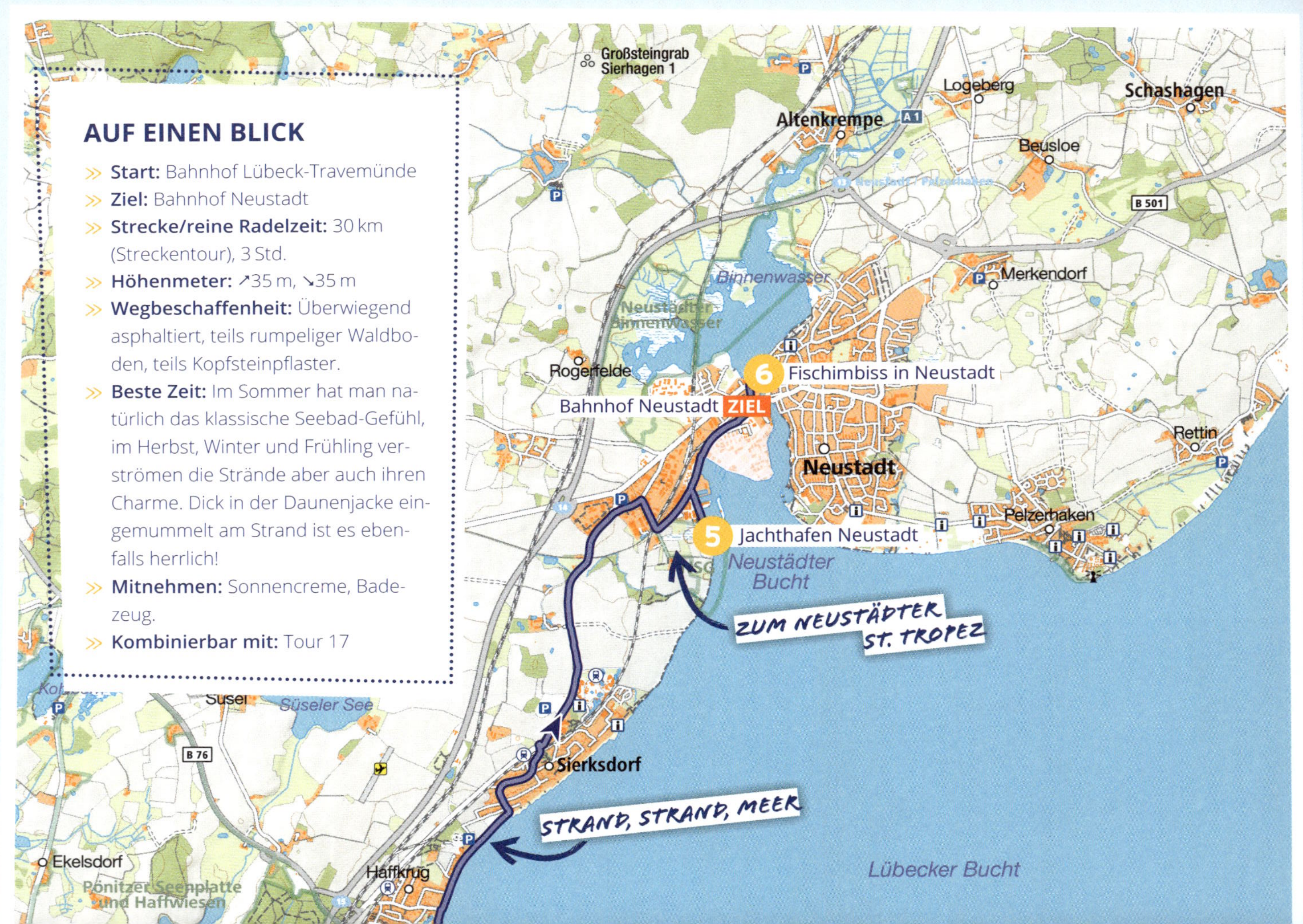

Mecklenburger Bucht
1 Priwall
2 Brodtener Steilküste
3 Timmendorfer Strand
4 Scharbeutz
START
Bahnhof Lübeck-Travemünde
STEILKÜSTENPANORAMEN
DURCH KIEFERNWÄLDER
AN DER PROMENADE ENTLANG
Travemünde
Priwall
Brodten
Niendorf/Ostsee
Timmendorfer Strand
Scharbeutz
Teutendorf
Warnsdorf
Hemmelsdorf
Hemmelsdorfer See
Aalbeek-Niederung
Groß Timmendorf
Oeverdiek
Grabhügel Grellberg
Luschendorf
Pansdorf
Techau
Rohlsdorf
Schürsdorf
Schulendorf
Klingberg
Kuhlsee
Großer Pönitzer See
Pönitzer Seengebiet
Pönitz
Pönitz am See
Kleiner Pönitzer See
Gronenberg
Hüttenteich
Ruppersdorfer See
NSG
LSG Travemünder Winkel
B 432
B 76
B 75
A 1
N
0
1
2 KM

DIE RADELPAUSEN

» START
Hauptbahnhof Kiel

KM 3
1 Kiellinie
Mittendrin im Leben

KM 7
2 Fähre Holtenau-Wik
Über den Nord-Ostsee-Kanal

KM 14
3 Falckensteiner Strand
Riesendampfer im Blick

9

KONTRAST-PROGRAMM

Die nördliche Ostseeküste entlang von Kiel bis Gettorf

Von der trubeligen Kieler Förde an die herrlich wilde Küste und zurück durchs Binnenland – auf dieser Tour bekommt man von allem das Beste: maritimes Stadtflair und belebte Promenaden, aber auch einsame Küstennatur in Hülle und Fülle.

MITTEN IM TRUBELIGEN LEBEN ...

... beginnt diese Tour, doch je länger man unterwegs ist, desto ruhiger wird es – bis man irgendwann auf wenig befahrenen Landstraßen an duftenden Sonnenblumen vorbei und durch Baumalleen rollt, an denen nicht mehr zu hören ist als der Gesang der Vögel und in der Ferne das leise, aber stetige Rauschen des Meeres.

Los geht's mitten in Kiel. Vom Bahnhof aus fährt man direkt am Wasser entlang, bestaunt die gigantischen Kreuzfahrtschiffe und später die vielen kleinen und großen Segeljachten, die an der **Kiellinie**, einer herrlich breiten und lebendigen Uferpromenade, im Wasser liegen.

HINTERM LEUCHTTURM WIRD DER BLICK AUF DAS MEER GANZ WEIT

Man folgt der Kieler Förde und schippert mit der urigen kleinen Fähre Adler 1 über den **Nord-Ostsee-Kanal**. Vorbei an hübschen Leuchttürmen, durch weite Brachflächen und kleine Vororte radelt man bis zum legendären **Falckensteiner Strand,** an dem man zumindest einmal die Füße in Sand und Wasser tauchen sollten – geniale Aussicht auf das andere Ufer inklusive.

Auch danach geht's weiter auf Strand- und Promenadenwegen am Wasser entlang. Es duftet nach Meer und Sand und Sommer. Wer sich für Kunst interessiert, bekommt sogar eine kleine Ausstellung zwischen Strande und dem **Bülker Leuchtturm** geboten, denn hier befindet sich ein Skulpturenpfad mit modernen Installationen aus Stahl. Am Leuchtturm selbst lässt man die gesammelten Impressionen sacken – vielleicht bei einem erfrischenden Eis.

Nun wird die Tour immer wilder, die Landschaft schroffer und die Radwege leerer. Hinter dem Leuchtturm erstreckt sich auf der langen Steilküste ein **magisch wirkender Wald**. Nachdem man durch üppige Mischwälder und über Feldwege gefahren ist, gelangt man schließlich wieder auf Dorfstraßen und genießt an einem **Sonnenblumenfeld** die Aussicht. Dort erfährt man zudem die wahre Geschichte hinter einem tragischen historischen Ereignis. Die letzte Etappe der Tour ist geprägt von den intensiven Farben der Felder, Wälder und des Himmels, die einen bis zum Endbahnhof Gettorf begleiten. «

Traumhafte Panoramen entlang des Feldweges

Hohe Bäume bewachen den Bülker Leuchtturm

Der Beginn der Steilküste Stohl

RADELN & GENIEßEN

Hauptbahnhof Kiel

Vom Bahnhof aus hinunter auf die Kaistraße am Hafen und dieser folgen. Vorbei an den großen Kais der Kreuzfahrtschiffe bis auf die Kiellinie.

Sommerzeit auf der Kiellinie

KM 3

1

Kiellinie

Mittendrin im Leben

Hier heißt es: Räder abstellen beim stylischen Container-Bistro namens Moby (www.mobykiel.de) und entweder mit einem Fischbrötchen starten oder mit einem Sprung ins kühle Nass am 20 Meter langen Badesteg, der gleich gegenüber ins Wasser führt. Direkt am Ufer erstreckt sich zudem die Kiellinie – eine 3,5 Kilometer lange Fußgängerzone und der Lieblingsort vieler Kieler:innen. Hier schlendern, rollen oder laufen jede Menge Menschen und Hunde entlang und genießen das Fördepanorama, den Blick auf die Kiel-typischen Werftkräne und vorbeifahrenden Schiffe.

Immer am Wasser entlang, bis der Weg am Flandernbunker vorbeiführt. Rechts die Feldstraße hoch. An der Kreuzung in die Schleusenstraße abbiegen und bis zum etwas versteckten Fähranleger runterrollen.

KM 7

2 Fähre Holtenau-Wik

Über den Nord-Ostsee-Kanal

Wer sein Rad auf die kleine Fähre Adler 1 schiebt, möchte meist nur eines: ans andere Ufer. Dabei bietet die kurze Fährfahrt im Schuhkarton, wie ihr Spitzname lautet, auch tolle Blicke auf den Nord-Ostsee-Kanal und die riesige Hochbrücke ganz in der Nähe. Darüber hinaus kreuzt sie den Kanal teils in rasanter Fahrt und nahezu auf Armeslänge entfernt zwischen den großen Frachtschiffen. Bereits seit 1907 wird hier nach dem Abbau einer Brücke eine Personenfähre eingesetzt, und schon seit 1984 pendelt die Adler 1 täglich zwischen den Ufern. Spannend ist übrigens auch der Blick zur nahegelegenen Holtenauer Schleuse, in der die riesigen Frachter auf den im Vergleich zum Wasserstand der Kieler Förde rund 40 Zentimeter niedrigeren Wasserstand des Kanals abgesenkt werden.

Vom Fähranleger aus rechts die Kanalstraße hinunter, am Tiessenkai und dem Leuchtturm Kiel-Holtenau zurück auf die Kanalstraße, die zur Strandstraße wird. Dieser bis zur Prieser Strandstraße folgen. Hier rechts abbiegen und hinein nach Friedrichsort fahren, wo es rechts hinter Miran's Döner in die Straße Brauner Berg abgeht. Von ihr zweigt der Weg zum Falckensteiner Strand ab.

Wichtigste Wasserstraße zwischen Nord-und Ostsee: der NOK

Sehnsuchtsort der Kieler: der Falckensteiner Strand

KM 14

3 Falckensteiner Strand

Riesendampfer im Blick

Am Westufer schaut man rechter Hand die Kieler Förde hinunter, während sich links die Ostsee erstreckt. An diesem rund zwei Kilometer langen Strand mit feinem Sand findet sich auf jeden Fall ein kleines Plätzchen zum Rasten. Am Rand wachsen Dünengewächse, Sanddorn und Seggen und duftender Strandhafer, und immer wieder bieten kleine Wäldchen Schatten. Wer barfuß durch den warmen Sand bis zum Wasser geht, kann nicht nur die Füße abkühlen, sondern auch den regen Schiffsverkehr beobachten. Frachter, die in den Nord-Ostsee-Kanal oder den Kieler Hafen möchten, gleiten vorbei. Am gegenüberliegenden Ufer sieht man – einer Art Kieler Galionsfigur gleich – das imposante Mahnmal von Laboe und die kleinen Hafenstädchen Möltenort oder Heikendorf.

Einfach den Weg parallel zum Strand weiter entlang fahren, durch Strande hindurch, immer die Promenaden entlang, bis man linker Hand von der Küste schon den Leuchtturm sieht.

Der Bülker Leuchtturm beschützt die Kieler Förde

KM 23

5

Zauberwald

Am Rand der Erde

Bis zur Eckernförder Bucht geht der Blick die Steilküste entlang. Oben zieht sich ein traumhafter Wald bis direkt an die Abbruchkante der Steilküste. Hier empfiehlt es sich, vom Rad zu steigen, innezuhalten und tief den Duft des Waldes einzuatmen. In den Himmel ragende Eichen, Buchen, Hainbuchen und Eschen strecken ihre Äste wie Arme dem Meer entgegen. Die Stimmung inmitten der großen Bäume ist einfach einzigartig – und die Aussicht dazwischen aufs Meer natürlich ein perfektes Fotomotiv.

Aus dem Wald hinausfahren und kurz nach der Linkskurve das Rad rechts den kleinen Feldweg entlang der Küste hochschieben. Immer am Wasser entlang, bis es mit dem Rad nicht mehr weitergeht und links ein Trampelpfad, später Feldweg, ins Landesinnere führt. Diesem bis zur Stohler Landstraße folgen, nach wenigen hundert Metern rechts auf die Eckernförder Straße abbiegen. Rechts ist das Blumenfeld mit Rastplatz.

KM 22

4

Bülker Leuchtturm

Eis und Feuer

Nun ist man bis an die äußerste östliche Landspitze der Nordseite der Kieler Förde gestrampelt und darf sich dafür auch belohnen. Am Fuß des Leuchtturms befindet sich ein kuscheliges Café in einem Pavillon, das im Sommer mit Eis und im Winter mit Glühwein und frischem Kuchen lockt (www.leuchtturm-buelk.de). Der Turm selbst ist der älteste der Kieler Förde. 1862 begannen die Dänen mit seinem Bau, fertiggestellt wurde er aber erst nach dem Deutsch-Dänischen-Krieg von den Preußen. Wer mag, läuft die Stufen hoch: Innen befindet sich eine Bildergalerie, und auch die Aussichtsplattform kann besucht werden.

Vom Leuchtturm aus um die Ecke fahren und dem Weg durch den Wald folgen. Ein kurzes Stück das Rad hochschieben, dann geht's auf dem schmalen Weg entlang der Steilküste, die hier noch relativ niedrig ist – später wird sie zur Steilküste Stohl und erhebt sich ganze 30 Meter über dem Meer!

Magische Stimmung im Wald an der Küste

Ein Baumgeist grüßt die Radelnden auf dem Weg

EXTRA INFOS:

Auf der Strecke liegt auch das ● **Geomar**, das öffentliche Aquarium des Helmholtz-Zentrums für Ozeanforschung (www.aquarium-geomar.de). Wer den Seehunden Hallo sagen möchte, macht rund 300 Meter vor dem Moby (Stopp 1) kurz Halt.

Ein ganz besonderes kleines Café befindet sich auf der Route direkt am Falckensteiner Strand: Bei ● **Ute im Bikini** (www.ute-im-bikini.de) bekommt man in wunderschöner, stilvoller Atmosphäre richtig guten Kaffee, leckeres Streetfood (super Pommes!) und selbst gemachten Kuchen.

KM 27

6 Schwedeneck

Legenden hinterm Blumenfeld

Nicht nur das Panorama und der Blick auf das sich in den Jahreszeiten wandelnde Blumenfeld sind faszinierend. Die Infotafel, die hier steht, erzählt eine dramatische Geschichte aus dieser Ecke Norddeutschlands und erklärt, warum der Ort Schwedeneck heißt. Sie berichtet vom Untergang des schwedischen Kriegsschiffes Hedvig Sophia im Jahre 1715. Erst vor etwa 20 Jahren fanden Taucher in der Bucht hinter dem leuchtenden Blumenfeld das Wrack und Kanonenkugeln auf dem Meeresboden. Die verletzten Soldaten der Hedvig Sophia sollen laut der Legende im nahegelegenen Küstenwald begraben worden sein; der Waldabschnitt wird heute auch Schwedenfriedhof genannt.

Der Bäderstraße folgen, durch Krusendorf und geradeaus über die große Kreuzung auf Am Wasserwerk fahren. Vor Stubbendorf rechts auf Weberberg und in Osdorf auf die Gettorfer Straße. Dieser durch Gettorf folgen, bis links die Kieler Chaussee abgeht. Der Bahnhof befindet sich auf der linken Seite.

KM 43 » ZIEL

Bahnhof Gettorf

Infotafel vor dem Blumenfeld mit Blick aufs Meer

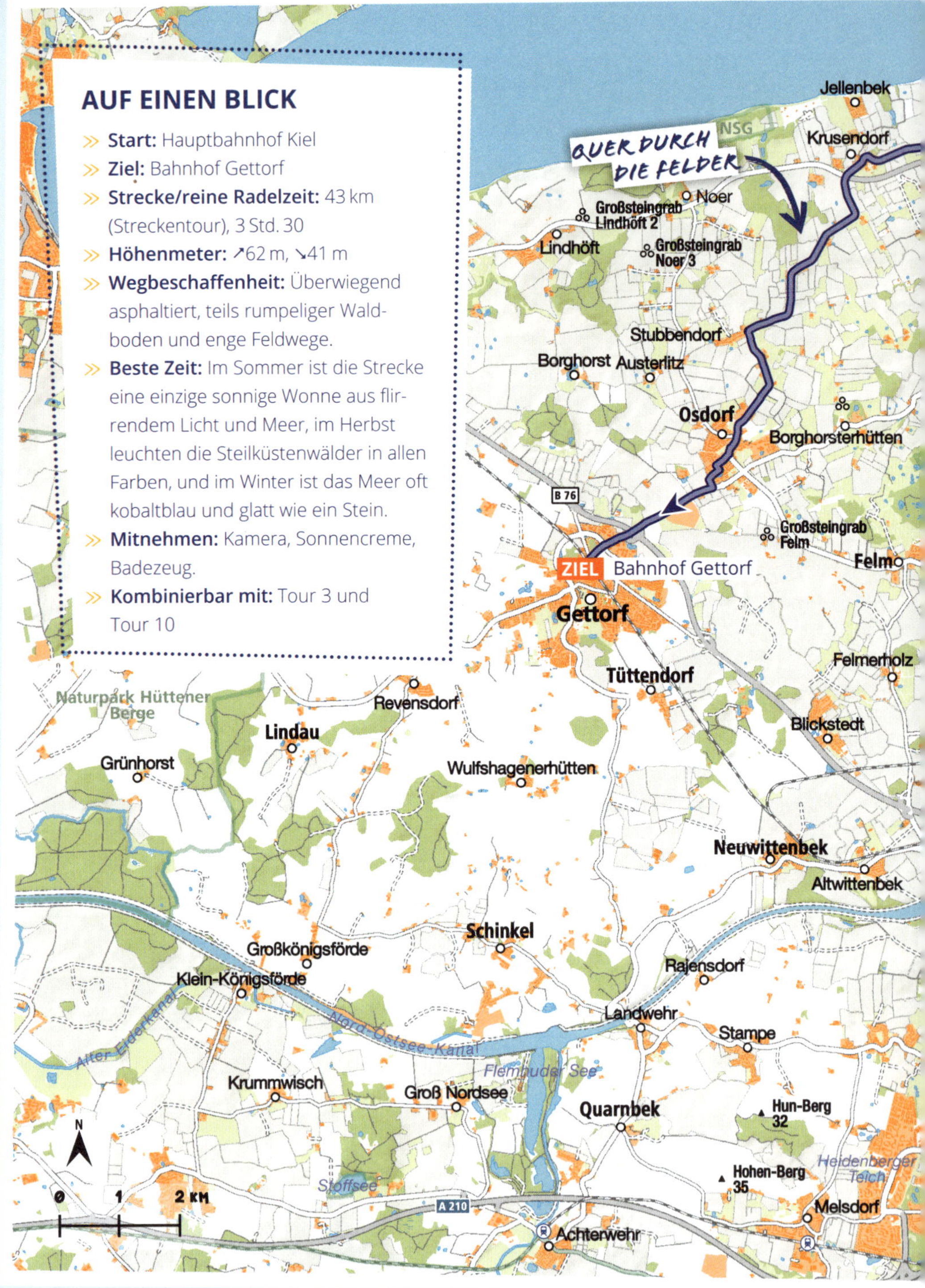

AUF EINEN BLICK

- » **Start:** Hauptbahnhof Kiel
- » **Ziel:** Bahnhof Gettorf
- » **Strecke/reine Radelzeit:** 43 km (Streckentour), 3 Std. 30
- » **Höhenmeter:** ↗62 m, ↘41 m
- » **Wegbeschaffenheit:** Überwiegend asphaltiert, teils rumpeliger Waldboden und enge Feldwege.
- » **Beste Zeit:** Im Sommer ist die Strecke eine einzige sonnige Wonne aus flirrendem Licht und Meer, im Herbst leuchten die Steilküstenwälder in allen Farben, und im Winter ist das Meer oft kobaltblau und glatt wie ein Stein.
- » **Mitnehmen:** Kamera, Sonnencreme, Badezeug.
- » **Kombinierbar mit:** Tour 3 und Tour 10

Dänisch-Nienhof
6 Schwedeneck
Schwedeneck
IMMER PARALLEL ZUM MEER
Stohl
Großsteingrab Dänisch-Nienhof 2
L 45
5 Zauberwald
4 Bülker Leuchtturm
Langbett Birkenmoor 1
Sprenge
Rabendorf
Kuhholzberg
Scharnhagen
Strande
Fuhlensee
Dänischenhagen
NSG
B 503
WIND, SONNE UND STRAND
Stein
Wendtorf
Laboe
Altenholz
Bistro Ute im Bikini
3 Falckensteiner Strand
Dorf Pries
Lutterbek
Festung Friedrichsort
Brodersdorf
VORSTADT-GEFÜHLE
Prasdorf
Röbsdorf
B 502
Heikendorf
Probsteierhagen
2 Fähre Holtenau-Wik
Mühlenteich
Schloß Hagen
Mönkeberg
Muxall
B 76
Wiesenteich
Mönkeberger See
Kasseteich
Schönkirchen
Großsteingrab Lottorf 2
Tökendorf
1 Kiellinie
Kronshagen
Aquarium Geomar
Schreventeich
ENTLANG DER KIELER FÖRDE
KIEL
Dock 8a
Dobersdorf
A 215
START Hauptbahnhof Kiel
Russenberg 40
Flüggendorf

DIE RADELPAUSEN

» START
Bahnhof Eckernförde

KM 2
1 Strand in Borby
Idyllische Buchten

KM 4
2 Eckernförder Strand
Einfach nur schön

KM 7
3 Restaurant Treib-Gut
Beine hoch und Käffchen trinken

10 KÜSTEN-GOLD

An der Eckernförder Bucht entlang

Ein Hafenstädtchen, Fischerboote, ein langer Strand, Steilküste und viel Wald – fertig ist die gemütliche Tour durch eines der schönsten Fleckchen an der Ostseeküste. Im Sommer: Badezeug einpacken!

KM 23
5 Strand in Noer
Zeit für ein letztes Bad

KM 16
4 Aschauer Lagune
Verstecktes Naturparadies

KM 33 » ZIEL
Bahnhof Gettorf

WOHLFÜHLEN IM WOHLD

Durch schmale Gassen an verwinkelten Häuschen vorbei über eine Holzbrücke und am Wasser entlang. Diese Route bietet alles, was man für einen entspannten Radeltag braucht: Erst einmal kann man im Städtchen Eckernförde (oder Ecktown City, wie die Einheimischen sagen) die hübsche Architektur und das Fischerhafen-Flair genießen, dann geht es auf der langen Strandpromenade bis zum Südstrand und hinein in den Wald. Hier wird die Küste steil, Uferschwalben durchmessen die Lüfte, und alte Bäume säumen den Strand. Diese Tour quer durch die Landschaft Dänischer Wohld verheißt Ostseeküsten-Highlights in Hülle und Fülle.

ETWAS GANZ BESONDERES: IN NOER ZWISCHEN URALTEN BÄUMEN AUF DEN STRAND ZUROLLEN

Nach einem ersten Stopp im nördlichsten Stadtteil Eckernfördes, dem entspannten **Strand in Borby**, fährt man zurück über die Brücke und rollt oder schiebt sein Rad (wenn viel los ist) über die neu ausgebaute Hafenpromenade an den vier Kilometer langen **Eckernförder Strand**. Dort sollte man unbedingt einen Halt einlegen – und sei es nur, um Fotos zu machen. Weiter führt die Route immer parallel zum Wasser. Die Meeresbrise pustet den Kopf frei, und die Aussicht auf die Ostsee macht glücklich!

Kurz bevor der Strand dann übergeht in Wald und Steilküste, kann man sich im **Treib-Gut** erfrischen. Danach radelt man durch duftende Kiefern- und Laubwälder parallel zur Steilküste und auf kleinen Wegen übers Land, bis man sich wieder dem Meer zuwendet. Hier sind die Farben von Feld, Wald und Himmel besonders intensiv! An der **Aschauer Lagune**, einem der schönsten einsamen Strände an der Ostsee und FFH-Gebiet (Flora-Fauna-Habitat) tut eine Rast den Beinen und der Seele gut. Wildvögel, Dünen und Wind: herrlich!

Weil man nie genug bekommen kann von Strand und Meer, verläuft die Route nun wieder durchs Land bis nach **Noer**, wo majestätische, uralte Eichen den Strandzugang bewachen.

Ein letztes Bad in der Ostsee, ein letztes Mal die Füße im Sand, eine Muschel in der Hosentasche und zurück aufs Rad, vorbei an wunderschönen efeubewachsenen Häuschen und Höfen bis nach Gettorf – dem geografischen Mittelpunkt der Landschaft Dänischer Wohld. «

Die Tour führt durch duftende Kiefernwälder

Fischerboote im Eckernförder Hafen

Die einzigartige Holzbrücke in Eckernförde

RADELN & GENIEßEN

»START

Bahnhof Eckernförde

Vom Bahnhof geradeaus auf die große Straße namens Reeperbahn. Dieser folgen, bis es rechts auf die Langebrückstraße abgeht. Hier links und dann rechts auf die Hafenstraße am Jachthafen entlang bis zur Holzbrücke. Rüber und dann immer rechts am Wasser entlang bis zum Jungmannufer.

Strandkorb-Idylle am Eckernförder Strand

KM 2

1 Strand in Borby

Idyllische Buchten

Kleine Strände in Borby locken zum Bad

Dieser kleine, aber feine Strandabschnitt im nördlichen Eckernförder Stadtteil Borby wird hauptsächlich von den Einheimischen genutzt. Es gibt kleine Buchten mit Stränden, die von Holzstegen abgegrenzt sind, und traumhafte Blicke auf die vertäuten Segel- und Motorboote sowie das gegenüberliegende Ufer, die Hafenskyline Eckernfördes. Borby war früher ein Seebad (beeindruckende Gründerzeitvillen erinnern an diese Zeit) und gehört erst seit 1934 zur Stadt Eckernförde. Schon ab 1831 war es berühmt für seine Warmbadeanstalt Marie-Louisenbad, die auch Flöße für Damen und Herren zum Baden in der Ostsee bereitstellte.

Wieder zurück und über die hölzerne Klappbrücke (diese entstand übrigens nach der großen Sturmflut von 1872, um die zerstörte Verbindung beider Stadtteile wieder herzustellen). Dann nach links und auf der Hafenpromenade bis zum Strandanfang rollen oder schieben.

Eskapistische Stimmung am Treib-Gut

KM 4

2 Eckernförder Strand
Einfach nur schön

Zu jeder Jahreszeit ist der vier Kilometer lange, flach abfallende Sandstrand in Eckernförde einen Abstecher wert. Im Sommer stehen hier Strandkörbe mit bunten Borten, junge Leute spielen Beachvolleyball, und Kinder plantschen im opalblauen Wasser. Das Rad kann man oben auf der Promenade abstellen und durch den warmen Sand zum Wasser laufen, um die Füße abzukühlen! Es gibt keine Strandgebühren, und für Familien empfiehlt sich der tolle Spielplatz mit Schiff neben dem Ostsee-Info-Center! Im Winter bläst oft ein scharfer Wind, aber dafür ist die Luft glasklar, und die Farben leuchten so intensiv wie nie. Die Bucht selbst wird rechts durch die malerische Steilküste und links durch den Marinestützpunkt eingegrenzt.

Der Strandpromenade folgen. Es geht immer am Wasser entlang.

KM 7

3 Restaurant Treib-Gut
Beine hoch und Käffchen trinken

Nachdem man am breiten, naturbelassenen Südstrand vorbeigeradelt ist, gönnt man sich eine Erfrischungspause, legt die Beine hoch und lässt die schönen Eindrücke Revue passieren. Ein alter Käfer in Metallic-Braun, Surfbretter, weiße Sonnenschirme und viele angeschlossene Räder vor der schnuckeligen Fachwerk-Kate mit Reetdach zeigen: Hier wird das entspannte Strandleben zelebriert! Im Restaurant Treib-Gut (www.restaurant-treibgut.de), das sich in einem 1931 errichteten Gebäude befindet, sollen sich Gäste einfach treiben und die Seele baumeln lassen. Auf den Stühlen direkt hinter der mit Schilf bewachsenen Düne mit Blick aufs Meer geht das auch vorzüglich. Ein Käffchen mit Eis oder doch ein »Wellenbrecher« aus Sekt, Gin, Sprudel und Blaubeeren?

Hinter dem Treib-Gut geht es links hoch in den Wald. Dem Waldweg Kiekut bis zum Parkplatz und Restaurant Grüner Jäger folgen. Kurz entlang der B76, dann die erste Straße namens Schnellmark links rein und im Anschluss der Aschauer Landstraße/Bäderstraße folgen. Links in den Strandweg abbiegen, bis zum Wasser fahren und links halten.

Ein bisschen Welt in der Eckernförder Bucht

Friedliche Stimmung in Noer

DURCHATMEN, LÄCHELN. DAS LEBEN IST GUT!

Ein kleines Päuschen einlegen an der Aschauer Lagune

KM 16

4 Aschauer Lagune

Verstecktes Naturparadies

Vor einiger Zeit ging die Aschauer Lagune als Ferkelstrand und Schweinebucht durch die Presse, weil wohl Mitmenschen das FKK-Schild als Swinger-Freifahrtschein betrachteten. Heute besteht der einzige animalische Frevel in den Leuten, die ihre Hunde nicht anleinen (wie ein Schild anordnet) und sie einfach durch die Dünen laufen lassen. Von der Brücke über die Aschauer Stranddüne genießt man einen tollen Blick. Zu dem rund zwei Kilometer langen Strandabschnitt gehören ein schöner Naturstrand und je nach Jahreszeit allerlei Wasservögel, die vor Ort brüten und rasten. Stieglitze, Austernfischer, Zwergseeschwalben, Rohrammern – hier gackert, schnattert und frohlockt das Leben!

Zurück auf die Bäderstraße und dieser durch die hügeligen Weidelandschaften, die zum Teil von Rindern und zum Teil von Schafen beweidet werden, bis zur Straße Zum Hegenwohld folgen. Links abfahren und zum Strand runterrollen.

EXTRA INFOS:

Am Südstrand Eckernfördes flattern Drachen in der Luft, es wird Beachvolleyball gespielt, und die Gegend ist wilder und ungezähmter als in der Stadt. Wer Burger liebt, steuert den Truck von ● **Phil's Burger** an (www.philsburger.net).

Wer nach dem Strand in Noer und dem Baden hungrig ist, sollte unbedingt im ● **Kliffhuus** (kliffhuus.org) vorbeischauen. Am Wochenende gibt's hier selbst gebackene Kuchen, immer aber auch Kraftnahrung wie Currywurst und Pommes oder den »Küstlichkeitenteller« – das meiste davon saisonal und regional.

KM 23

5 Strand in Noer

Zeit für ein letztes Bad!

Das Rad unter den Eichen abstellen und zum traumhaften Naturstrand spazieren. Auf der einen Seite sieht man die beeindruckende Steilküste, an deren Hängen sich der dichte Wald klammert, auf der anderen Seite verliert sich der Strand in der Ferne und man blickt aufs weite Meer. Statt Badeaufsicht, Spielplatz und Strandkorb gibt es Natur pur, und es lohnt sich, nach schönen Steinen, Treibholz und Muscheln zu suchen. Meistens ist nicht viel los, sodass man in Ruhe durchatmen oder die Beine im Wasser kühlen kann. Im April hat die Ostsee rund zehn Grad, im August teils sogar 21 Grad und mehr. Wer auf dieser Tour also noch nicht im Wasser war, sollte es jetzt tun! Fellfreunde darf man übrigens frei laufen lassen.

Der Landstraße bis nach Gettorf folgen.

KM 33 » ZIEL

Bahnhof Gettorf

Alte Eichen säumen den Weg zum Strand

Barkelsby
Hemmelmarker Holz
Böhnrüh
Mohrberg
Großsteingrab Hemmelmark 1
Großsteingrab Hemmelmark 8
Engelsburg
B 203
Grasholz
Hemmelmarker See
Großsteingrab Hemmelmark 13
Carlshöhe
B 76;B 203
BORBY
Gallberg 21
Eckernförde
Strand in Borby
Windebyer Noor
Eckernförder Strand
Bahnhof Eckernförde START
Eckernförder Bucht
Windeby
IMMER AM STRAND ENTLANG
Baumschulenholz
Sandkrug
Phil's Burger
Restaurant Treib-Gut
Schnellmarker Holz
Wohld
Domsland
B 203
Goossee
Schnellmark
Goosschmiede
Marienthal
DURCH DEN WALD
Mischholm
Kleinheck
Altenhof
Ravenshorst
Großsteingrab Rothenstein
Hoffnungsthal
Goosefeld
Jordan
Großsteingrab Goosefeld 2
Hofholz
Hofholz
Naturpark Hüttener Berge
Stratenbrook
Großsteingrab Goosefeld 4
Lehmsiek
Harzhof
Bornstein
Hohenlieth
0
1
2 KM
Harfe
Aurögen

AUF EINEN BLICK

- **Start:** Bahnhof Eckernförde
- **Ziel:** Bahnhof Gettorf
- **Strecke/reine Radelzeit:** 33 km (Streckentour), 3 Std.
- **Höhenmeter:** ↗38 m, ↘12 m
- **Wegbeschaffenheit:** Überwiegend asphaltiert, teils Kopfsteinpflaster.
- **Beste Zeit:** Im Sommer ist das Meer dunkelblau, weiß darauf die Segel, und die Wälder sind dicht und grün. Im Winter ist die Luft dafür glasklar, und die Strände, an denen man vorbeirollt, sind – ganz ohne Strandkörbe – wieder weitläufig und leer.
- **Mitnehmen:** Kamera und Tasche für Mitbringsel vom Strand, Buddelzeug für Kinder.
- **Kombinierbar mit:** Tour 9 und Tour 11

Strand in Noer 5
Restaurant Kliffhuus
Aschauer Lagune 4
AUF KLEINEN WEGEN ÜBERS LAND RADELN
ZIEL Bahnhof Gettorf

DIE RADELPAUSEN

» START
Bahnhof Eckernförde

KM 10
1 Steinstele am Missunder Weg
Alte Geschichten

KM 13
2 Selfie-Point
Knipsen im Landschaftsidyll

KM 18
3 Mühle Anna
Eine junge Schönheit

11

HALB-INSEL-GEFÜHLE

Von Eckernförde durch Schwansen über die Schlei

Vom Hafenstädchen geht's quer über die Halbinsel Schwansen. Dabei folgt man alten Straßen an Mühlen und Obsthöfen vorbei und fährt über die Schlei bis nach Süderbrarup. Auf dem Weg liegt ein prominenter Ort mit VIP-Faktor!

KM 25

4 Lindaunisbrücke
Klapp auf, klapp zu

KM 27

5 Landarzthaus
Zu Besuch in »Deekelsen«

KM 30

6 Schneiderhaken
Beste Aussicht hinterm Schilf

KM 42 » ZIEL

Bahnhof Süderbrarup

ÜBERS LAND UND IMMER WEITER

Auf dieser Tour radelt man durch die herrliche Landschaft Schwansens, eine Halbinsel im Norden Schleswig-Holsteins, die von drei Seiten von Wasser umgeben ist. Im Süden liegt die Eckernförder Bucht, an der die Tour startet, im Osten die Ostsee, und im Norden der Ostseefjord Schlei, der bei dieser Route überquert wird. Man rollt durch hübsche Dörfer mit charakteristischen Reetdachkaten, vorbei an wogenden Korn- und Rapsfeldern und genießt die frische Seebrise, die übers Land weht. Im besten Fall kommt die von hinten und schiebt an!

RECHTS UND LINKS DER LINDAUNISBRÜCKE ENTFALTET SICH DAS SCHLEI-PANORAMA

In der Luft liegt Regen, und es tropft von den Blättern, trotzdem beglücken einen selbst an einem nicht ganz optimalen Radfahrtag die intensiven Farben dieser Landschaft und die tollen Panoramen. Kurz innehalten heißt es auf dem Missunder Weg. Heute eine geteerte, recht einsame Landstraße, war der Weg früher ein Jagdrevier des dänischen Königs. Zeuge davon ist ein versteckter **alter Jagdstein**. Nachdem man leicht hügelige Felder passiert hat, steht beim **Selfie-Point** ein weiterer Stopp an. Inmitten dieser Idylle muss natürlich ein Foto gemacht werden!

Weiter Richtung Rieseby. Schon von Weitem sieht man die bekannte **Mühle Anna**, bevor man Richtung Wasser zur Schlei radelt. Entgegen der üblichen Vorstellungen, im Norden sei die Landschaft platt wie eine Flunder, rollt man sanfte Hügel hinunter – und strampelt sie wieder hinauf, was einen öfter aus der Puste bringt als erwartet. Doch auf der markanten **Lindaunisbrücke** ist schnell alle Anstrengung vergessen.

Nun ist man auch schon inmitten der fiktiven Ortschaft Deekelsen aus einer der erfolgreichsten Serien im Deutschen Fernsehen: »Der Landarzt« (1986–2012) wurde auf **Gut Lindauhof** in Lindaunis gedreht – warum, sieht man gleich, wenn man dort ist. Zeit für eine Pause, bei der man dem Körper etwas zum Verbrennen zuzuführen kann: ein Stück Torte in dem wunderschönen Café im Lindauhof zum Beispiel. Anschließend geht's zu einem ganz besonderen Spot mit herrlichem Panorama und für ein letztes Bad ins Wasser. Der seichte, sandige Einstieg an der Badestelle **Schneiderhaken** ist für Jung und Alt perfekt. «

Versteckte Badestelle
hinter Lindaunis

Wie durch einen grünen
Tunnel aus Blättern

Süße Früchtchen
zum Selberpflücken

RADELN & GENIEßEN

» START

Bahnhof Eckernförde

Vom Bahnhof geradeaus auf die Reeperbahn und dieser folgen. Links abbiegen auf die Noorstraße und über die große Kreuzung der B76, an der Noorfischerei Geschwister Mahrt vorbei und auf den Noorwanderweg. Immer am Wasser entlang, erst beim Parkplatz am Windebyer Noor abbiegen und den Schnaaper Weg hoch, ein kurzes Stück rechts die B76 entlang, dann links in den Gammelbyer Weg. Nach rund 500 Metern links auf den Koseler Weg; dieser wird später zum Missunder Weg.

KM 10

1 **Steinstele am Missunder Weg**

Alte Geschichten

Hier muss man genau hinschauen. An einer Stelle, an der die Straße eine Kurve macht und links der Schafkoppel-Weg abgeht (rund 700 Meter, nachdem man an dem Wesebyer-Weg-Schild vorbeigekommen ist), trifft man auf eine besondere Landmarke. Diese Steinstele ist laut Gravur aus dem Jahre 1785 und einer von neun übriggebliebenen sogenannten Jagdsteinen der dänischen Könige Christian V. und Christian VII. Mit den Steinpfählen sollten die Jagddistrikte des Königs genau abgegrenzt werden. Bauern waren die Stelen ein Dorn im Auge, da sie oft mitten im Pflugland standen. Wer sie verrückte, musste jedoch mit hohen Geldstrafen rechnen.

Vom Missunder Weg auf den Ornumer Weg abbiegen. Diesem rund einen Kilometer bis zum Stopp 2 folgen. Hinter dem kleinen Wäldchen wird der Blick weit. Die Bank links vom Weg ist unübersehbar.

Rund 240 Jahre alter Jagdstein am Wegesrand

KM 13

Selfie-Point
2 Knipsen im Landschaftsidyll

Der Ornumer Weg, dem man gerade gefolgt ist, bietet einen einzigartigen Blick über die Felder und auf das sich weit ins Land ziehende Ornumer Noor. Also: Nicht vorbeiflitzen, sondern es sich auf der Bank am Wegesrand gemütlich machen – Picknick dabei? – und die Aussicht genießen. Das Ornumer Noor ist das schmalste Noor (Haff) der Schlei mit einer nur wenige Meter breiten Mündung. Es wurde nach dem nahegelegenen Gut Ornum benannt, das seit etwa 250 Jahren die Fischereirechte für das Noor besitzt. Hier laichen Aale, Barsche, Brachsen, Hechte oder Plötzen. Weil wir aber das digitale Zeitalter haben, muss die eigene Präsenz an diesem schönen Ort bitte fotografisch dokumentiert werden, und zwar mit einem Selfie. Die Markierung (Fußabdrücke) für den perfekten Foto-Winkel wurde dafür eigens in den Boden betoniert.

Bis zum Schwansenweg fahren, links auf diesen abbiegen und ihm folgen, bis es links neben der Straße zur Mühle geht. Schon von Weitem ist die Mühle zu sehen.

Päuschen mit Aussicht

Ein Bild von einer Mühle: die Anna

KM 18

Mühle Anna
3 Eine junge Schönheit

Wer auf den Vorhof der Mühle rollt, wähnt sich sofort in der Vergangenheit (www.muehle-anna.de). Wunderschön ist die Galerie-Holländermühle mit der drehbaren Kappe und den weißgrünen Windmühlenflügeln auf festem Unterbau mit umlaufender Galerie. Erst 1911 gebaut, ist sie zwar die jüngste Windmühle in Schleswig-Holstein, erinnert aber dennoch an die Zeit, als die Bauern ihr Korn herbrachten, um es schroten zu lassen und im eigenen Backofen Brot zu backen. Heute können die Mühle und das angrenzende Heimatmuseum in den Sommermonaten zu beschränkten Öffnungszeiten besichtigt werden. Das Atelier nebenan, eine in Grün eingebettete Fachwerkvilla, lohnt ebenfalls einen Besuch. In den kleinen Räumen gibt es so einiges an Kunsthandwerk mit Mitbringselpotenzial!

Auf der Dorfstraße durch Rieseby und geradeaus der Kappelner Landstraße folgen, dann kurz vor einem Wald links Richtung Obsthof Stubbe (ausgeschildert). Letzterer befindet sich rechts neben der Straße und ist nicht zu übersehen.

Die legendäre Lindaunisbrücke

KM 27

5

Landarzthaus

Zu Besuch in »Deekelsen«

Einst die Kulisse für die Dreharbeiten der bekannten TV-Serie »Der Landarzt«, die im Vorabendprogramm des ZDF lief, ist sich heute in dem historischen Gebäude mit Reetdach (erbaut im 15. Jahrhundert) ein Café. Wer auf ein leckeres Stück Torte Lust hat, schlendert durch den Garten des Lindauhofes und bewundert die üppige Blumenpracht und die alten Bäume. Im Winter lädt das Café ein, am Kamin zu verweilen. Überall erinnern Bilder der Dreharbeiten und der Darsteller:innen an die prägende Zeit zwischen 1986 und 2012, als die Serie hier produziert wurde. Im Hof findet man auch einen kleinen Laden mit Kunsthandwerk.

Rechts auf Lindaukamp und der Straße folgen, bis es links Richtung Schneiderhaken abgeht.

KM 25

4

Lindaunisbrücke

Klapp auf, klapp zu

Auf der Straßen- und Eisenbahnbrücke von Lindaunis sollte man auf jeden Fall kurz anhalten – von hier hat man nämlich einen besonders schönen Blick. Die Brücke überspannt den Ostseefjord Schlei hier an seiner schmalsten Stelle und verbindet somit die beiden Halbinseln Schwansen und Angeln. Die aus Stahlfachwerk bestehende Klappbrücke ist derzeit im Begriff abgebaut zu werden. Der Neubau, der sie ersetzen soll und in der die Radspur künftig von den Spuren für Auto- und Zugverkehr getrennt ist, soll bis spätestens 2024 fertiggestellt sein.

Über die Brücke und geradeaus auf Mühlenholz. Erste Abfahrt links Richtung Lindenhof nehmen.

Im Garten des Landarzthauses

Schneiderhaken: Blick Richtung Klappbrücke

KM 30

6 Schneiderhaken

Beste Aussicht hinterm Schilf

KM 42 » ZIEL

Bahnhof Süderbrarup

Das Schilfgras steht hoch, und weit geht der Blick über die Schlei. Besonders schön ist von hier aus die Öffnung der Lindaunisbrücke zu beobachten – ein kleines Highlight, wenn an sonnigen Tagen die Segelboote alle plötzlich auf einen zugleiten. Viel ist meist nicht los, sodass man in aller Ruhe die Beine ausstrecken oder die Füße ins Wasser halten kann. Bester Ort zum Durchatmen ist der Netzausleger. Diese besondere Bank mit den drei Holzstehlen befindet sich hier erst seit Kurzem, und von ihr lässt es sich besonders gut in den Himmel schauen.

Zurück auf Lindaukamp links abbiegen, durch Gunneby fahren und bei Kius wieder links. Rechts auf die Hasselholzstraße und durch den Ort Steinfeld. Immer auf der Süderbraruper Straße Richtung Süderbrarup bleiben. Am Kreisel die dritte Ausfahrt nehmen und der Straße Südertoft bis zur Großen Straße folgen. An der Bahnhofsstraße rechts abbiegen. Der Bahnhof befindet sich nun linker Hand.

Der Netzausleger – eine ganz besondere Bank

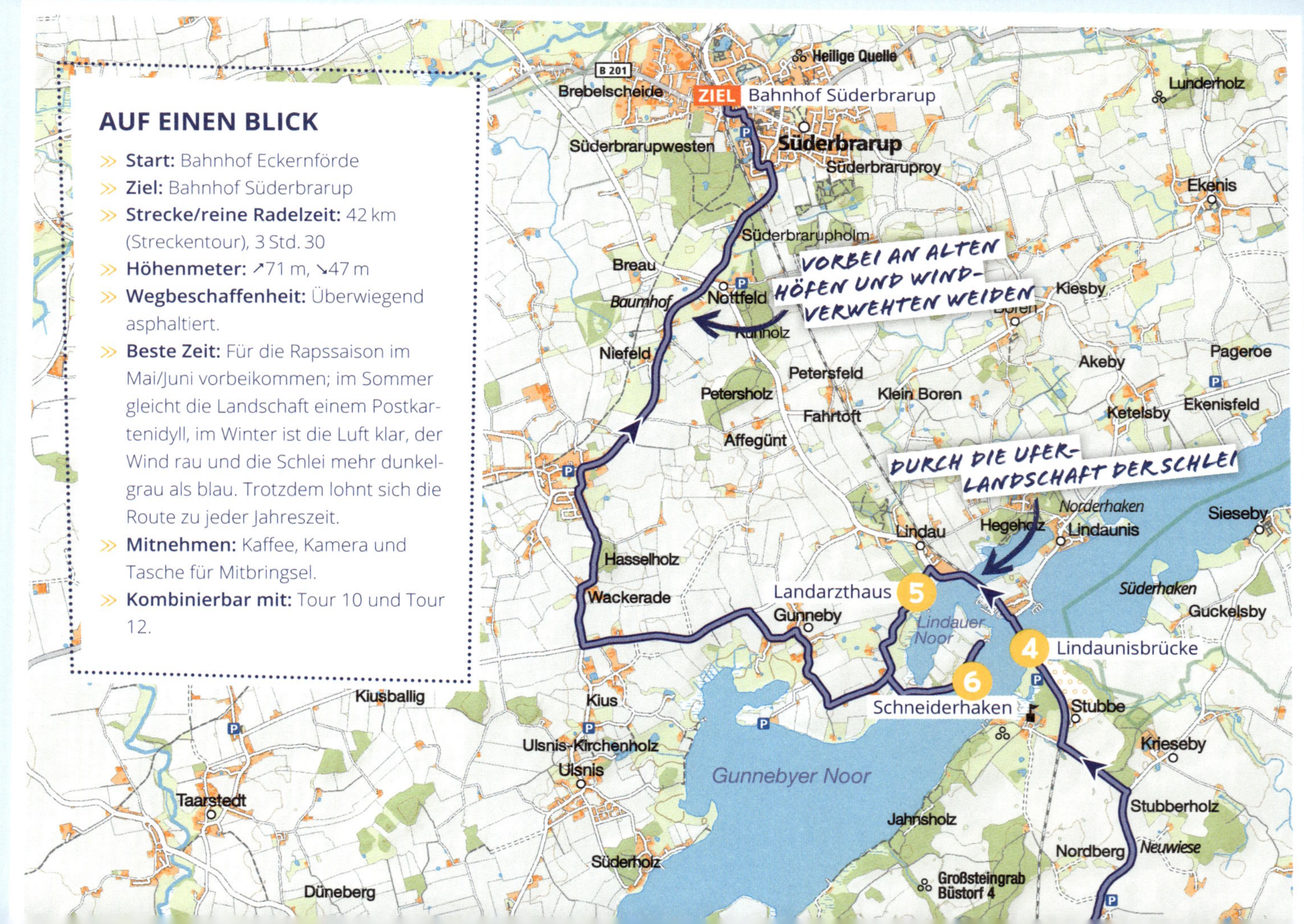

AUF EINEN BLICK

- **Start:** Bahnhof Eckernförde
- **Ziel:** Bahnhof Süderbrarup
- **Strecke/reine Radelzeit:** 42 km (Streckentour), 3 Std. 30
- **Höhenmeter:** ↗71 m, ↘47 m
- **Wegbeschaffenheit:** Überwiegend asphaltiert.
- **Beste Zeit:** Für die Rapssaison im Mai/Juni vorbeikommen; im Sommer gleicht die Landschaft einem Postkartenidyll, im Winter ist die Luft klar, der Wind rau und die Schlei mehr dunkelgrau als blau. Trotzdem lohnt sich die Route zu jeder Jahreszeit.
- **Mitnehmen:** Kaffee, Kamera und Tasche für Mitbringsel.
- **Kombinierbar mit:** Tour 10 und Tour 12.

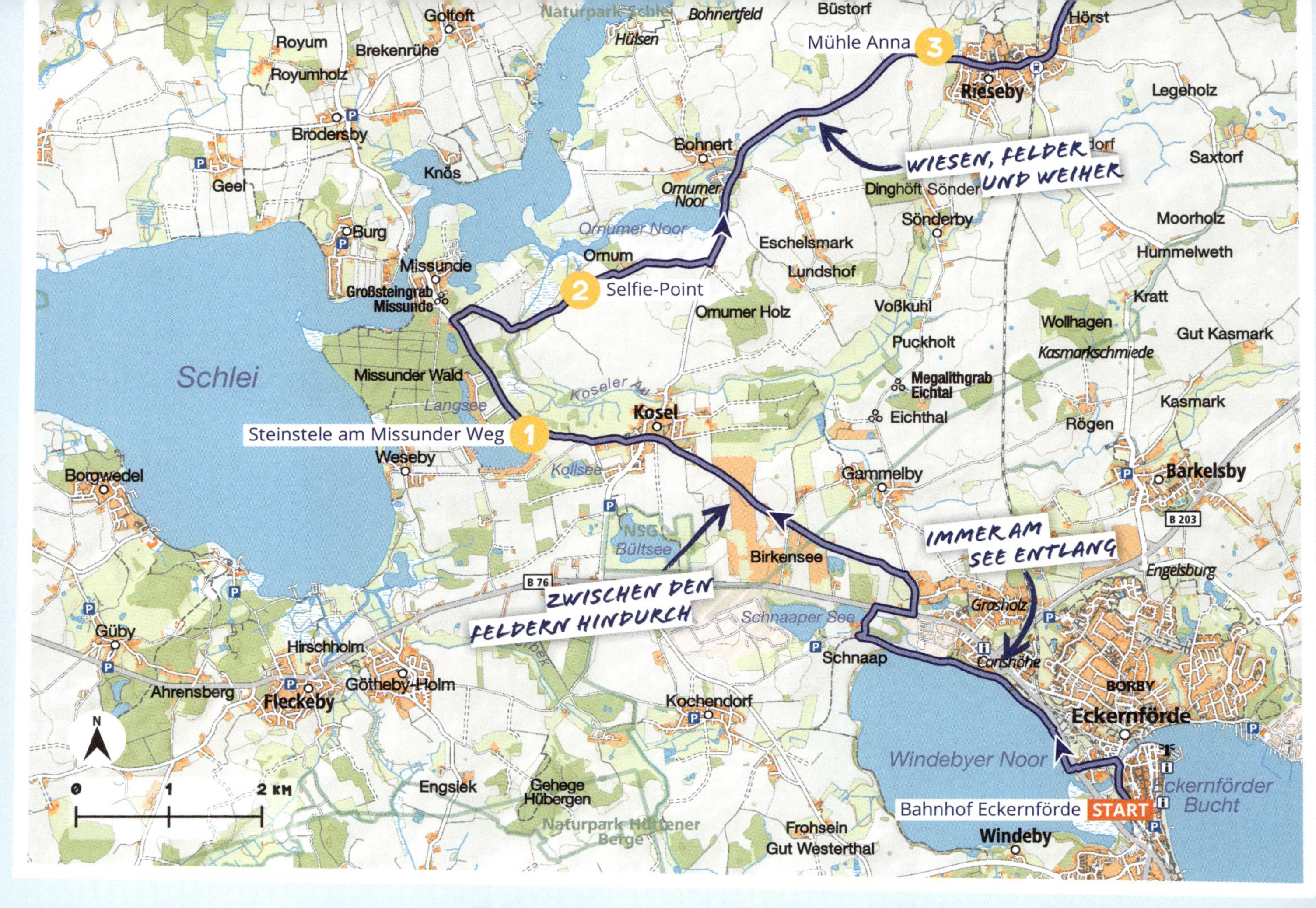

START
Bahnhof Eckernförde
1 Steinstele am Missunder Weg
2 Selfie-Point
3 Mühle Anna
WIESEN, FELDER UND WEIHER
ZWISCHEN DEN FELDERN HINDURCH
IMMER AM SEE ENTLANG
Schlei
Windebyer Noor
Eckernförder Bucht
Ornumer Noor
Schnaaper See
Eckernförde
Rieseby
Kosel
Fleckeby
Barkelsby
Missunde
Ornum
Bohnert
Weseby
Borgwedel
Güby
Windeby
Schnaap
Birkensee
Gammelby
0
1
2 KM

DIE RADELPAUSEN

»START
Bahnhof Süderbrarup

KM 8

1 Rastplatz Boknis
Bötchen gucken am »Fjord«

KM 16

2 Arnis
Einmal durch Deutschlands kleinste Stadt

KM 22

3 Badestelle Bienebek
Entschleunigen zwischen Schilf und Sand

12

DIE KLEINE STADT AM FJORD

An der Schlei entlang bis nach Arnis und am anderen Ufer wieder zurück

Felder, Windmühlen und dazwischen die friedliche Schlei. Diese Tour führt durch die idyllischen Landschaften entlang der Schlei, einem Meeresarm der Ostsee. Ein Highlight: der Besuch in Arnis, der kleinsten Stadt Deutschlands.

4 Kirche in Sieseby
(Ferien-) Haus Gottes

KM 30

5 Obsthof Stubbe
Kaffee trinken mit Ausblick

KM 39 » ZIEL
Bahnhof Süderbrarup

SCHLEI PUR!

In Süderbrarup, auf der Halbinsel Angeln beginnend, radelt man entlang der Schlei durch eine der reizvollsten Landschaften Deutschlands mit sanft hügeligen Feldern. Im Frühling und Sommer blühen die kleinen Misch- und Buchenwälder, es duftet und summt vor Leben in den hier so typischen Knicks (Wallhecken, die einst als Abgrenzungen zwischen den Feldern angelegt wurden). Die Farben sind betörend intensiv, und wie in die Gegend hineingegossen, fließt der 40 Kilometer lange Meeresarm Schlei von der Küste bis tief ins Binnenland und trennt Angeln von der angrenzenden Halbinsel Schwansen.

HERRLICH, WENN ES AN DER SCHLEI IMMER WIEDER NACH LAVENDEL UND WILDROSE DUFTET

Von Süderbrarup geht's entlang der Landstraßen bis zum ersten Halt am Dreh- und Angel(!)punkt dieser Route: der Schlei! Direkt am Ufer befindet sich der kleine **Rastplatz Boknis** mit einem Picknicktisch. Der Blick auf das friedliche Gewässer und die vorbeigleitenden Segelboote ist ein Traum!

Dann fährt man weiter in die kleinste Stadt Deutschlands – **Arnis** – mit weniger als 300 Einwohner:innen. Dass sie das Stadtsiegel tragen darf, soll an einem hartnäckigen Bürgermeister liegen, der im Jahre 1934 eine Gebietsreform unter den Nationalsozialisten nutzte. Das malerische Örtchen besteht eigentlich nur aus einer Halbinsel, an deren »langer Straße« sich alte Häuser reihen. Einmal fast komplett durchgerollt, geht es runter an den kleinen Hafen und man überquert mit der Fähre die Schlei.

Auf der anderen Seite ist der kleine **Strand Bienebek** der nächste Stopp: Füße in den Sand und sich den Kopf vom Wind durchpusten lassen.

Anschließend folgt man malerischen Uferpfaden vorbei an versteckten Reetdachkaten (heute meist Ferienhäuser gut betuchter Hamburger:innen) bis ins Dörfchen Sieseby. Zwischen zahlreichen hübschen Reetdachhäusern liegt im Dorfkern das älteste Gebäude des Ortes: die **Feldsteinkirche**. Ausklingen lässt man die Tour im **Obsthof Stubbe**, am besten bei einem köstlichen Stück Torte. «

Roter Klatschmohn blüht entlang des Weges

Reetdachkate in Sieseby

Die Schlei – ein Segel-Traum

RADELN & GENIEßEN

Bahnhof Süderbrarup

Vom Bahnhof auf die Bahnhofsstraße und dieser rechts bis zur Kreuzung folgen. Links abbiegen und weiterfahren, bis rechter Hand die Teichstraße abgeht, die irgendwann zur Mühlenstraße wird und nach Ketelsby führt. Durch den Ort und auf der Straße Ketelsby links abbiegen. Nach 1,5 Kilometern rechts Richtung Boknis abbiegen.

Die alte Schifferkirche in Arnis

KM 8

1 **Rastplatz Boknis**

Bötchen gucken am »Fjord«

Hier kann man sich auf die Bank plumpsen lassen, die Beine erholen und kurz verschnaufen. Dabei blickt man auf die Schlei, die träge vor sich hinfließt und auf der Boote mit gebauschten weißen Segeln vorbeigleiten. Der Meeresarm führt sogenanntes Brackwasser, eine Mischung aus Süß- und Salzwasser, und hat nur eine durchschnittliche Tiefe von drei Metern. Entgegen der üblichen Bezeichnung Ostseefjord ist die Schlei keine richtige Förde, weil sie nicht durch Gletscherschurf entstanden ist, sondern während der letzten Eiszeit lediglich als Abfluss des Schmelzwassers gedient hat. Korrekter wäre also laut Fachleuten der Begriff Schmelzwasserrinne. Fjord klingt allerdings mehr nach Norden und Norwegen und Urlaub …

Den Weg am Wasser immer weiter folgen, bis rechts das Restaurant auf dem Wasser auftaucht. Sollten viele Spaziergänger:innen unterwegs sein, bitte absteigen und schieben.

Ein Rastbänkchen auf dem Weg nach Arnis

Füße im Sand in Bienebek

KM 22

Badestelle Bienebek

3 Entschleunigen zwischen Schilf und Sand

An dem kleinen Sandstrand lässt es sich super rasten. Einfach das Rad oben am Weg abstellen und die paar Schritte durch das Schilf laufen. Schon befindet man sich an diesem sandigen Kleinod unweit des Herrenhauses vom Gut Bienebek, dem Sitz der Herzogin zu Schleswig-Holstein-Sonderburg-Glücksburg. Hier ist es meist einsam, und das Schleiwasser plätschert ans Ufer. Während über einem die Wolken stetig weiterziehen, gleiten die Segelboote gemächlich übers Wasser. Entschleunigung pur.

Weiter entlang der Schlei bis ins Dorf Sieseby fahren.

KM 16

Arnis

2 Einmal durch Deutschlands kleinste Stadt

Nachdem man am breiten, naturbelassenen Arnisser Strand vorbeigeradelt ist, sollte man sich auf den Weg durch den Ort machen. Am besten direkt entlang der Langen Straße – ihr Name ist Programm. Rechts und links wird sie von wunderschönen Häusern gesäumt, jedes ein Kleinod für sich. Da prangen Stockrosen, dort stehen üppige Töpfe mit Lavendel vor der geschnitzten Holztür, ein Bootsbauer läuft barfuß mit Werkzeug in der Hand Richtung Hafen, und über allem herrscht eine Atmosphäre der absoluten Entschleunigung. Das ist Arnis. Wer einmal hier war, wird immer wieder herkommen, versprochen!

Der Langen Straße von Arnis folgen, beim Fährweg rechts abbiegen und bis zum Fähranleger fahren. Auf der anderen Seite der Schlei führt der Weg die Anhöhe hinauf durch Sundsacker. Unten an der nächsten Kreuzung rechts halten, durch Winnemark radeln und am Ende der Dorfstraße in den Steinerholzer Weg einbiegen. Dieser führt durch die Felder bis an die Schlei und zur Badestelle Bienebek.

Zwischen dem Schilf hindurch ans Wasser

Friedliche Stimmung

Im 12. Jahrhundert erbaut: Siesebys Feldsteinkirche

KM 25

4 Kirche in Sieseby

(Ferien-) Haus Gottes

Sieseby ist eines der romantischsten Dörfer an der Schlei, wie man in der Gegend sagt. Klar ist: Hier ticken die Uhren noch langsamer. Das ganze Dorf steht seit dem Jahr 2000 unter Denkmalschutz. Seit Jahrhunderten ist alles unverändert geblieben. Es gibt keinerlei moderne Gebäude, stattdessen überall idyllische Reetkaten, einen kleinen Bootssteg und mittendrin das älteste Bauwerk des Ortes: die romanische Feldsteinkirche aus dem 12. Jahrhundert. Tipp: Das Fahrrad vor dem Kirchengarten abstellen, durch den stillen Friedhof laufen und einen Blick ins Gebäude werfen. Wunderschön ist auch die 105 Meter lange malerische Lindenallee im hinteren Friedhofsbereich.

Zurück zur Schlei und vorbei am Steg auf dem Pastoratsweg bis zur Dorfstraße fahren. Rechts einbiegen und der Landstraße folgen, bis es nach einem Waldstück rechts Richtung Gut Stubbe und Obsthof geht. Der L283 und den Schildern bis zum Café folgen. Letzteres befindet sich kurz vor der Lindaunisbrücke auf der rechten Seite.

KM 30

Obsthof Stubbe
Kaffee trinken mit Ausblick

Der Obsthof Stubbe (www.gut-stubbe.de/obsthof), an dem man jetzt sein Rad abstellt, liegt wunderschön direkt an der Schlei und ist nur einen Steinwurf von der Lindaunisbrücke entfernt, die Angeln und Schwansen voneinander trennt. Auf 20 Hektar baut Betriebsleiterin Corinna Jäkel (bereits in dritter Generation!) jede Menge Obst an. Von zwölf unterschiedlichen Apfelsorten über Pflaumen, Quitten und Birnen an den Bäumen und auf den Feldern Erdbeeren, Stachelbeeren und Johannisbeeren. Davon profitieren natürlich auch die Menschen, die hierherkommen. Entweder in Form von hausgemachten Kuchen und Torten – oder selbstgepflückt im Körbchen für den Heimweg: herrlich!

Auf dem Rückweg rollt man die Landstraße entlang und biegt an der Kreuzung Kuhholz rechts auf die Niefelder Landstraße ab Richtung Süderbrarup. Am Kreisel die dritte Ausfahrt nehmen und der Straße Südertoft bis zur Großen Straße folgen. An der Bahnhofsstraße rechts abbiegen. Der Bahnhof befindet sich nun linker Hand.

EXTRA INFOS:

Das blaue **Café/Restaurant Schleiperle in Arnis** (Stopp 2) ist seit über 40 Jahren eine Institution (www.schleiperle-arnis.de). Auf Pfählen in die Schlei gebaut, mutet der Bau vielleicht erst kitschig an, drinnen und drum herum ist es aber einfach nur schön. Im Sommer genießt man hier einen Aperol Spritz oder eine Schorle in der Sonne inmitten der ankernden (Holz-)Jachten und Jollen.

KM 39 » ZIEL

Bahnhof Süderbrarup

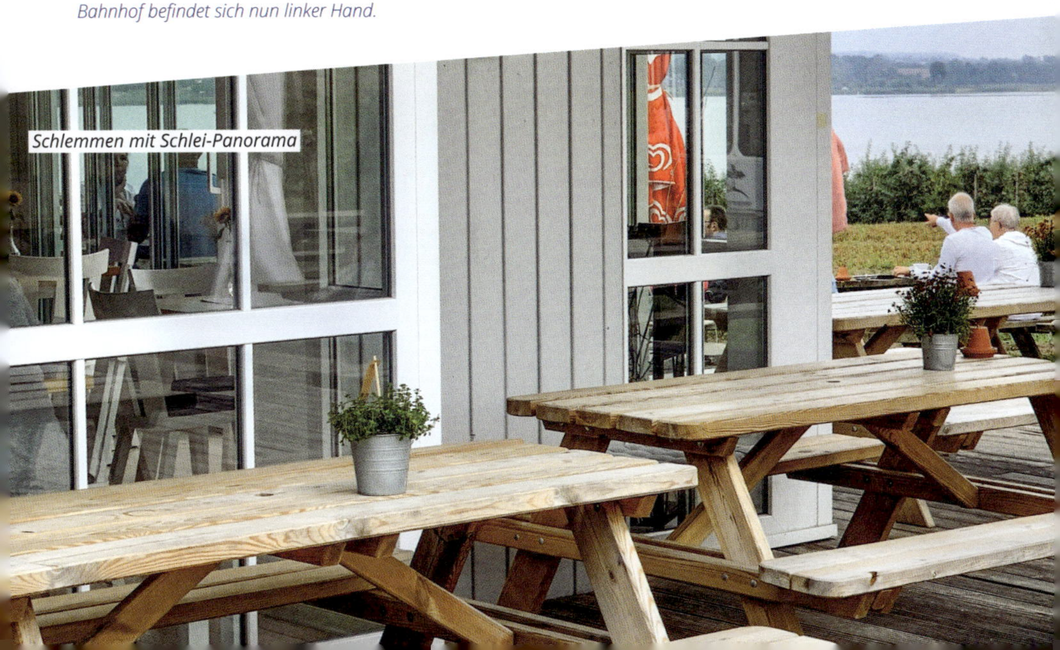

Schlemmen mit Schlei-Panorama

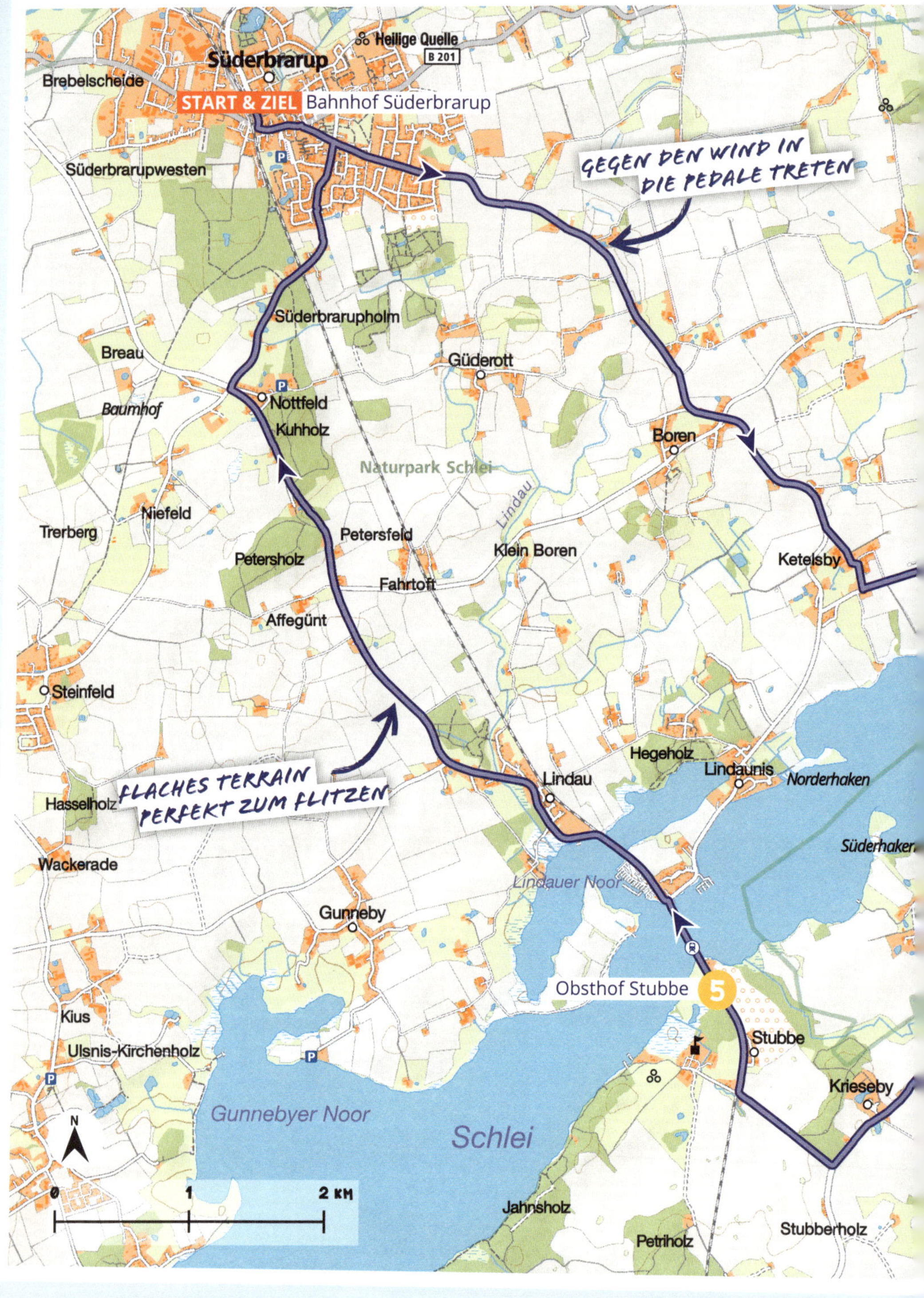

Süderbrarup
Heilige Quelle
B 201
Brebelscheide
START & ZIEL
Bahnhof Süderbrarup
Süderbrarupwesten
GEGEN DEN WIND IN DIE PEDALE TRETEN
Süderbrarupholm
Breau
Güderott
Baumhof
Nottfeld
Kuhholz
Boren
Naturpark Schlei
Lindau
Niefeld
Trerberg
Petersfeld
Klein Boren
Petersholz
Fahrtoft
Ketelsby
Affegünt
Steinfeld
Hegeholz
Lindaunis
Norderhaken
Lindau
FLACHES TERRAIN PERFEKT ZUM FLITZEN
Hasselholz
Süderhaken
Wackerade
Lindauer Noor
Gunneby
Obsthof Stubbe
5
Stubbe
Kius
Ulsnis-Kirchenholz
Krieseby
Gunnebyer Noor
Schlei
N
0
1
2 KM
Jahnsholz
Petriholz
Stubberholz

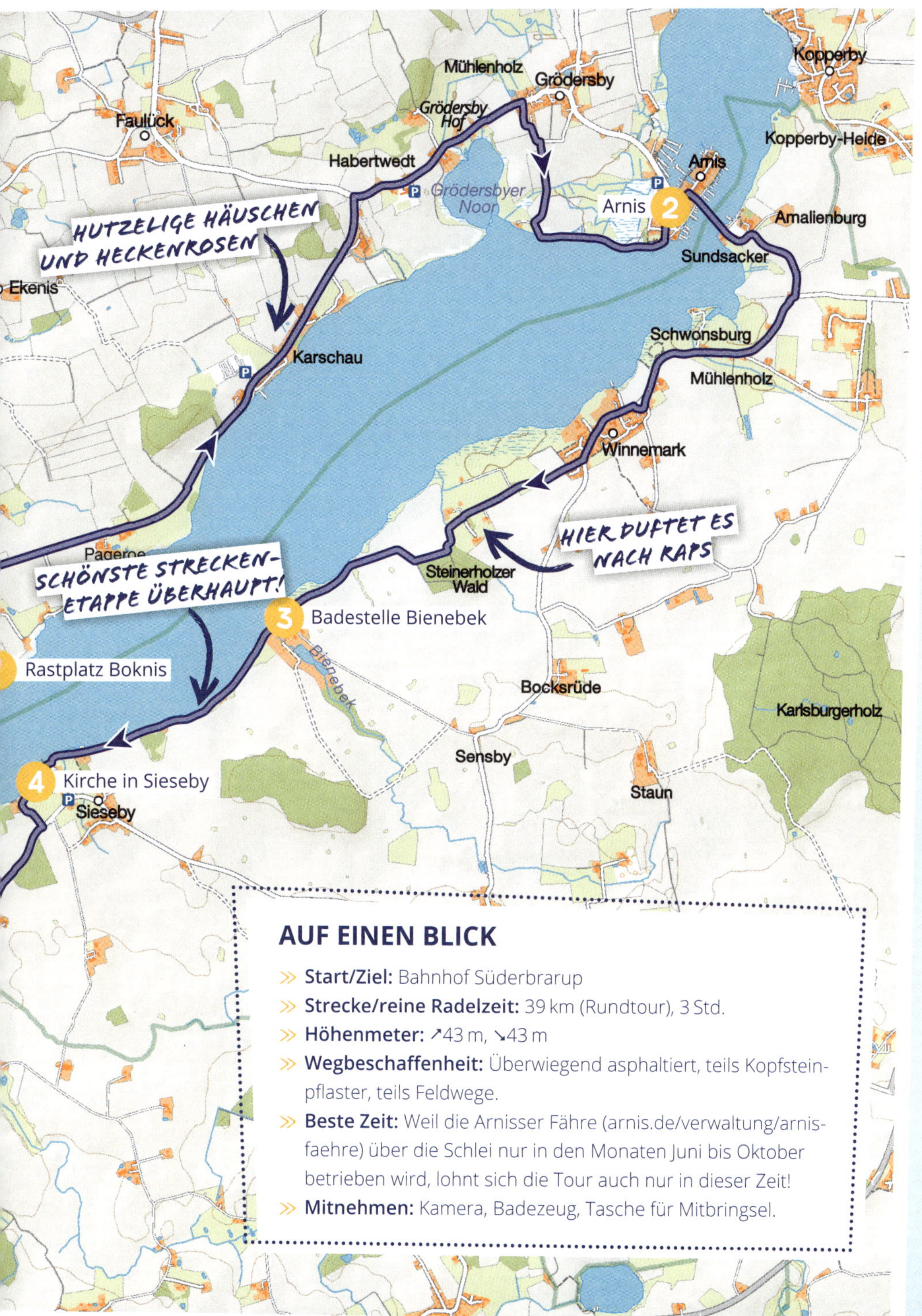

AUF EINEN BLICK

- **Start/Ziel:** Bahnhof Süderbrarup
- **Strecke/reine Radelzeit:** 39 km (Rundtour), 3 Std.
- **Höhenmeter:** ↗43 m, ↘43 m
- **Wegbeschaffenheit:** Überwiegend asphaltiert, teils Kopfsteinpflaster, teils Feldwege.
- **Beste Zeit:** Weil die Arnisser Fähre (arnis.de/verwaltung/arnisfaehre) über die Schlei nur in den Monaten Juni bis Oktober betrieben wird, lohnt sich die Tour auch nur in dieser Zeit!
- **Mitnehmen:** Kamera, Badezeug, Tasche für Mitbringsel.

DIE RADELPAUSEN

»START
Bahnhof Rieseby

KM 11
1 Holunderhof Helle
Wildobst und Wonne

KM 20
2 Kirche in Karby
Am Mittelpunkt der Halbinsel

KM 26
3 NABU-Aussichtspunkt
Einer flog übers Wildvogelnest

13

DIE GROẞE HALBINSEL-TOUR

Rundtour um die Halbinsel Schwansen

Durch die sanft hügelige Landschaft geht es in malerische Dörfer hinein, vorbei an Gutshöfen, entlang am Ostseefjord Schlei und bis zum Meer und wieder zurück. Über einem die Wildvögel, am Horizont die Freiheit.

KM 30

4 Strand in Damp

Abhängen mit Meerblick

KM 41

5 Gut Ludwigsburg

Stärkung für Leib und Seele

KM 42

6 Megalithanlage

Das Grab der Hünen

KM 52 » ZIEL

Bahnhof Rieseby

EINE GROßE RUNDE GLÜCK

Die Halbinsel Schwansen liegt eingebettet in die Schlei auf der linken und die Ostsee auf der rechten Seite. Mit ihren Wiesen, Feldern und Knicks (für Schleswig-Holstein typische Wallhecken) sowie kleinen Dörfern und prächtigen Gutshöfen will sie befahren und erkundet werden. Von April bis Juni liegt der süßlich betörende Duft von Raps in der Luft, am Wegesrand blüht und summt es, Möwen kreischen, das Meer brandet. Im August fährt man an Sonnenblumenfeldern vorbei, zwischen denen das Blau der Schlei hindurchblitzt.

Auf der Landstraße rollt man quer durch den herrlich bunten Flickenteppich aus Feldern. Links und rechts tauchen immer wieder kleine Höfe und Häuseransammlungen auf, darunter wunderschöne reetgedeckte Katen, vor denen Stockrosen blühen. Am Ende einer Sackgasse erreicht man mit dem **Naturerlebnishof Helle** den ersten Stopp. Hier kann man Kuchen essen und kurz die Immobilienpreise der Gegend auf dem Handy checken – oder einfach die Augen schließen, durchatmen und den Moment genießen!

WAS GIBT ES SCHÖNERES, ALS DEN HÜGEL HINUNTERZUROLLEN, DAS MEER IM BLICK?

Anschließend geht's weiter auf der Landstraße durch kleine Ortschaften. Etwa in der Mitte der Halbinsel liegt Karby mit einer beeindruckenden **Backsteinkirche** aus dem Jahr 1280. Danach führt die Route entlang an Äckern, Wiesen und Feldern gen Ostsee.

Von Schönhagen aus rollt man bis ans Meer und zur **Schutzhütte des NABU**, von der man das herrliche Panorama genießen kann. Nun folgt man dem Strandweg bis nach Damp: Anfang der 1970er-Jahre als Ferienanlage aus dem Boden gestampft, haben die Hochhäuser heute zumindest Kultfaktor. Am dortigen **Strand** schaut man nicht auf die Plattenbauten hinter einem, sondern setzt sich auf eine ganz besondere Bank und bewundert die Wellen und das Meer.

Auf einer herrlichen Strecke fährt man dann immer parallel zum Wasser oberhalb der Dünen durchs Landesinnere bis zum **Gut Ludwigsburg**, einer barocken Herrenhausanlage mit Gestüt und Café. Mit frischer Kraft geht es zum letzten Stopp, einer beeindruckenden **Megalithanlage** aus der Jungsteinzeit. Der Rückweg über Land vergeht nun wie im Flug. Dabei sammelt man Farben, Düfte und den Klang der Vogelwelt. Alles, was man dafür tun muss, ist in die Pedale zu treten. Im besten Falle hat man den Wind dabei im Rücken.

Radeln durchs Naturschutzgebiet

Ein Bad in der Ostsee gefällig?

Einfach den Hügel Richtung Meer hinunterrollen lassen!

RADELN & GENIEẞEN

Stille und Beschaulichkeit: die Kirche Karby

» START

Bahnhof Rieseby

Mit dem Bahnhof im Rücken nach links die Eckernförder Landstraße bis zur Kreuzung fahren, dort rechts auf die Kappelner Landstraße/Dingstock und dieser einfach folgen, bis rechts in den Wald die Straße Buchholz abbgeht. Rund sechs Kilometer auf der Straße bleiben. Dann nicht auf Könsbyfeld weiter, sondern geradeaus auf Maasleben bis zur T-Kreuzung Brammermoor. Dort links abbiegen und bis nach Thumby fahren. Auf Börentwedt rund 600 Meter, bis es links auf den Weg Helle geht.

KM 11

Holunderhof Helle

Wildobst und Wonne

Dieser kleine, aber feine Biohof hat es in sich (www.holunderhof-helle.de). Auf den Streuobstwiesen rund um die Gebäude, in denen Gäste auch übernachten können, grasen Schafe und Esel. In den Holunderplantagen leben zudem Hühner und Gänse und halten die Flächen frei von Schädlingen. Wer schon Bedarf hat, lädt hier sein E-Bike auf und holt sich im Apfelhaus, dem kleinen Hofladen, etwas zu trinken und Kuchen. Am besten ruht man sich mit einem Stück Erdbeerkuchen im Schatten der großen alten Bäume aus – ein Traum!

Es duftet und summt: mitten im Wildkräuterfeld des Holunderhofs Helle

Zurück auf Börentwedt, dann die erste Abfahrt links nehmen und dem Landweg folgen, bis es vor Staun rechts abgeht. Quer durch das Karlsburgergehölz. Dem Weg Nixenburg nach und rechts bei Böllermas abbiegen. Am Schloss Karlsburg vorbei und bei Köllnerfeld rechts. Auf der Eckernförder Straße durch Karby bis zur Kirche fahren.

Das Gotteshaus reckt sich gen Himmel

KM 20

2 Kirche in Karby

Am Mittelpunkt der Halbinsel

An heißen Tagen ist die Kirche ein kühler, ruhiger Ort, um Seele und Sinne zur Ruhe kommen zu lassen. An kalten, windigen Tagen ein Schutzraum, um Kraft zu tanken. Der Backsteinbau mit gotischen und romanischen Stilelementen gilt als Dorf-Mittelpunkt Karbys sowie als Mittelpunkt der nördlichen Halbinsel Schwansen und ist im Jahre 1280 errichtet worden. Von Weitem sieht man schon den 24 Meter hohen Turm. Innen sollte man sich unbedingt die wunderschöne geschnitzte Kanzel aus dem Jahr 1592 anschauen. Beeindruckend ist auch der Granittaufstein, der sogar 100 Jahre älter ist als die Kirche und aus der Mitte des 12. Jahrhunderts stammt.

Auf der Dorfstraße vor der Kirche nach rechts bis zur Kreuzung fahren. Dort rechts auf die Ostseestraße und dieser folgen, bis links man links die Schlossstraße und rechts einen Feldweg mit Parkplatz erreicht. Hier rechts hinein und die Straße hinunterfahren. Es geht zwischen Feldern hindurch immer weiter bis zum Meer. Vorne am Wasser nach rechts auf den Wanderweg. Die NABU-Vogelwarte ist schon von Weitem zu sehen.

KM 26

3 NABU-Aussichtspunkt

Einer flog übers Wildvogelnest

Die Infohütte des NABU mit Blick auf die Ostsee liegt zwischen dem Meer und dem Schwansener See mitten im Naturschutzgebiet. Über eine Treppe erreicht man den kleinen Aussichtsturm des Gebäudes der Vogelwarte, von dem man nicht nur einen herrlichen Blick auf Landschaft und Wasser hat, sondern auch diverse Vogelarten wie Kiebitze, Rotschenkel, Brandgänse, Graugänse in den Salzwiesen entdecken kann. Auf dem vegetationsfreien sandigen Ufer des Strandsees und der Küste wohnen laut NABU viele Sandregenpfeifer, Austernfischer, Zwergseeschwalben sowie Säbelschnäbler. Rund um die Hütte finden sich Infotafeln. Wenn man dem Wanderweg nach Damp folgt, der vor der Hütte entlanggeht, sollte man zumindest im Mai und Juni Ausschau nach den Zwergseeschwalben halten.

Am Wasser entlang auf dem Steinweg Richtung Damp. Dort angekommen, geht's rechts auf Up'n Diek, dann links in den Seeuferweg, wieder links in den Passatring und bis zur Niebymole. Die Sitz-Holzkonstruktion ist gleich zu sehen.

Von der NABU-Vogelwarte kann man weit sehen!

Auf Gut Ludwigsburg

KM 30

Strand in Damp

Abhängen mit Meerblick

Drei oben festgebundene große Holzstelen, dazwischen eine Sitzmatte: am Strand in Damp wartet ein sogenannter Netzausleger darauf, dass man sich ausruht und die Seele baumeln lässt. An zehn Standorten in der Schlei-Oststee-Region wurden solche Holzkonstruktionen nach einem Entwurf der Schleswiger Architektin Hedda Silbernagel installiert. Die Anlagen sollen eine optische Verbindung von Seefahrt und Wikingerarchitektur darstellen. Schön anzusehen ist die Sitzgelegenheit am Damper Südstrand (in den Wintermonaten darf man hier seine Hunde frei laufen lassen) auf jeden Fall und vor allem eines: bequem. Ausstrecken, Blick aufs Meer – in der Nase der Duft von Seetang und Strand, im Ohr das Kreischen der Möwen.

Weiter auf dem Strandweg oberhalb der Dünen immer parallel zum Wasser bis zum Campingplatz Booknis. Hier rechts auf die Seestraße und bis Grosswaabs, wo man links die Schmiedestraße nimmt. Ihr folgt man, bis rechter Hand das Gut Ludwigsburg auftaucht.

KM 41

Gut Ludwigsburg

Stärkung für Leib und Seele

Schon der Weg übers Kopfsteinpflaster und durch das verwitterte Torhaus ist, als würde man direkt in die Vergangenheit reisen. In der Gutsküche am Burggraben sollte man aber vollkommen die Gegenwart genießen (www.gut-ludwigsburg.de). Zum Beispiel, indem man hier in der ehemaligen Räucherei die hausgebackenen Kuchen und Torten probiert – oder etwas Deftiges wie Wildhackbraten, Matjes nach Hausfrauenart oder Schnitzel schlemmt. Von der Terrasse hat man einen guten Blick auf das barocke Herrenhaus. Auf der Grundlage einer mittelalterlichen Wasserburg gebaut, ist es seit Anfang des 15. Jahrhunderts im Besitz der Familie von Sehestedt und seit 1950 im Besitz der Familie Carl. Es gibt auch ein Gestüt mit Reitbetrieb und Pferdezucht – die Tiere sind wunderschön! Zudem lohnt der Abstecher in den Hofladen.

Zurück auf die Hauptstraße und nach kurzer Fahrt links Richtung Karlsminde abbiegen. Die Anlage ist bereits von Weitem zu sehen.

Die Netzausleger-Bank am Damper Strand

Das wunderschöne Herrenhaus auf Gut Ludwigsburg

KM 42

6 Megalithanlage

Das Grab der Hünen

KM 52 » ZIEL

Bahnhof Rieseby

Abseits der Landstraße ragt ein großer, von hohen Bäumen umstandener Bereich mitten ins Feld. Beim genaueren Hinschauen erkennt man, dass es ein Langbett ist – eine der Megalithanlagen, die bezeugen, dass Schleswig-Holstein schon in der frühen Vorzeit (zwischen 3400 und 3200 v. Chr.) besiedelt war. Im Norden nennt man solche Grabanlagen Hünengräber, doch waren laut Forschung die Menschen, die in den Grabkammern lagen, weitaus kleiner, als wir es heute sind. Nur die gigantischen Findlinge und Steine, aus denen die Grabstätten sind, geben einem immer noch das Gefühl, es müssten mindestens Hünen gewesen sein, die sie einst herschleppten.

Umdrehen und auf der Dorfstraße zurück, durch den Ort Loose und auf der Eckernförder Landstraße zum Bahnhof Rieseby.

Wo die Hünen liegen: das Megalitgrab in Langholz

Süderbrarup
Faulück
Grödersby
Kopperby
Grödersbyer Noor
Arnis
Ekenis
Schlei
Güderott
Winnemark
Boren
IM SCHATTEN DER HOHEN BÄUME RADELN
Sieseby
Lindau
Lindaunis
Holunderhof Helle
1
Gunneby
Lindauer Noor
Thumby
Stubbe
QUER DURCH DIE RAPSFELDER
Krieseby
Gunnebyer Noor
B 203
Söbyer See
Söby
Großsteingrab Büstorf 4
Holzdorf
Naturpark Schlei
Rieseby
START & ZIEL
Bahnhof Rieseby
Dolmen von Loose
Sönderby
Loose
DER RÜCKENWIND SCHIEBT VON HINTEN
5
Gut Ludwigsburg
N
0
1
2 KM
B 203
Megalithanlage
6
Aassee
Barkelsby

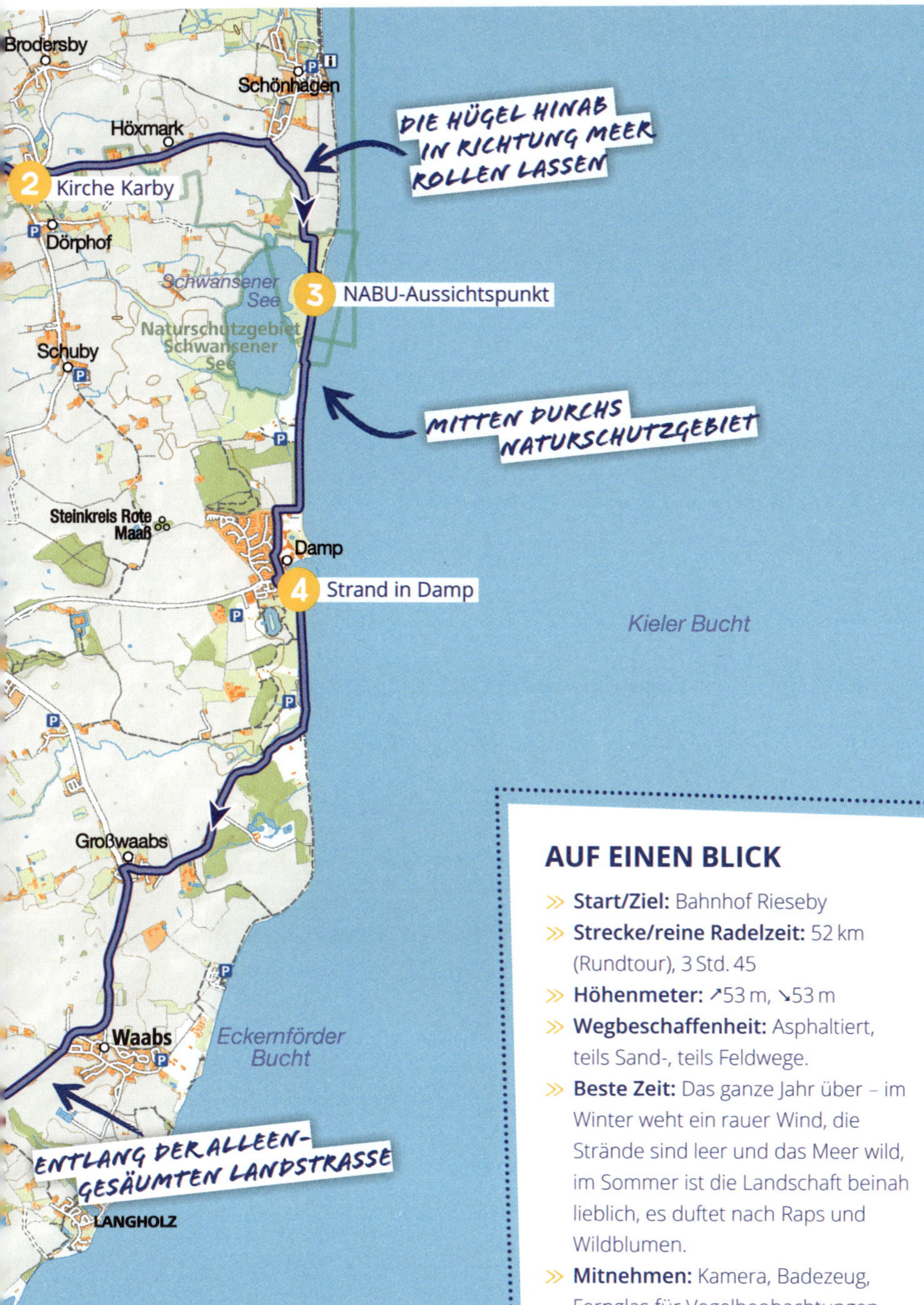

AUF EINEN BLICK

- **Start/Ziel:** Bahnhof Rieseby
- **Strecke/reine Radelzeit:** 52 km (Rundtour), 3 Std. 45
- **Höhenmeter:** ↗53 m, ↘53 m
- **Wegbeschaffenheit:** Asphaltiert, teils Sand-, teils Feldwege.
- **Beste Zeit:** Das ganze Jahr über – im Winter weht ein rauer Wind, die Strände sind leer und das Meer wild, im Sommer ist die Landschaft beinah lieblich, es duftet nach Raps und Wildblumen.
- **Mitnehmen:** Kamera, Badezeug, Fernglas für Vogelbeobachtungen.

DIE RADELPAUSEN

» START
Parkplatz An der Kuhbrücksau, Schönberg

KM 3
1 Seebrücke Schönberger Strand
Über Wasser laufen

KM 10
2 Hohenfelder Strand
Eine einsame Bank

KM 15
3 Steinparadies
Schätze finden

14 CALIFORNIA DREAMING

Vom Strandbad Kalifornien bis zum Steinparadies-Strand bei Hohenfelde

Die Tour führt größtenteils parallel am Strand entlang. Auf den flachen Wegen kann man es einfach rollen lassen. Die Strecke lockt mit wunderschönen Steinen, riesigen Vögeln, Pommes und Meer: Ostseeküste at it's best!

KM 16

4 Straußenfarm
Beim größten Vogel der Welt

KM 18

5 Imbiss-Scheune
Pommes mit Meerblick

KM 28

6 Museumsbahnhof Schönberger Strand
Wo die Zeit stillsteht

KM 32 » ZIEL

Parkplatz An der Kuhbrücksau, Schönberg

HALLO WELT!

Mal schnell durch Kalifornien und Brasilien radeln – ganz ohne Deutschland zu verlassen. Super Idee! Kalifornien ist zwar »nur« ein Teil des Ostseebades Schönberg zwischen den beiden Strandabschnitten Brasilien und Heidkate, etwa 20 Kilometer nordöstlich von Kiel. Trotzdem findet man auch hier lange feine Sandstrände und das weite Meer. Mythen ranken sich um die Entstehung der beiden Namen, die so gar nichts mit Norddeutschland gemein zu haben scheinen. Einige Quellen behaupten zum Beispiel, dass ein Fischer am Strand der Ostsee alte Schiffsplanken fand, auf denen »Kalifornien« und »Brasilien« stand. Sicher ist: Die Namen ziehen nach wie vor Aufmerksamkeit auf sich!

Die Tour beginnt am nördlichen Teil der Kieler Außenförde. Es geht entlang an den Strandbädern der Ostseeküste bis nach Schönberg mit der berühmten, 2001 neu erbauten **Schönberger Seebrücke**. Danach folgt man dem herrlich flachen und breiten asphaltierten Rad- und Wanderweg zwischen Strand und Deich.

DIESES GEFÜHL VON FREIHEIT, WENN MAN DEN KILOMETERLANGEN FLACHEN RADWEG AM STRAND ENTLANGFLIEGT

Am **Hohenfelder Strand** verschnauft man auf einer Bank mit Blick auf die teils schroffe Küste, bevor es für einen Abstecher ins Landesinnere und wieder zurück an die Küste geht. Nachdem man erneut die Steilküste entlanggerollt ist, biegt man ab und erreicht bald schon einen Ort, der ebenso so exotisch ist wie die Namen dieser Gegend: die **Straußenfarm** Ostseeblick.

Durch die flache Landschaft und über die weiten Felder der Probstei fährt man nun bis zum **Steinparadies**, einem wilden Strandabschnitt an der Küste mit wunderschönen Steinen, der ein bisschen wie das Ende der Welt wirkt.

Der Rückweg bietet die Möglichkeit, all das zu entdecken, was man bei der Hinfahrt übersehen hat. Außerdem kann man sich bei der **Strandbude** köstliche Pommes holen! Anschließend radelt es sich ganz entspannt zurück – bestenfalls mit dem Wind im Rücken. Ein letzter Stopp und Highlight der Tour ist der Abstecher im **Museumsbahnhof Schönberger Strand.** Hier stehen historische Dampfmaschine und über 100 Jahre alte Straßenbahnen. Ein letzter faszinierender Blick in die Vergangenheit, bevor es dann ausgepowert, aber glücklich heißt: Tour geschafft! «

Pferdekoppel auf dem Weg

Stürmischer Strand im Spätsommer

Gegen den Wind anstrampeln

RADELN & GENIEßEN

»START

Parkplatz An der Kuhbrücksau, Schönberg

Vom Parkplatz aus geht es geradeaus direkt hinunter zum Wasser und auf den breiten Radweg, der zwischen Strand und Deich entlangführt. Einfach rechts bis zur Seebrücke hinunterrollen.

KM 3

1

Seebrücke Schönberger Strand

Über Wasser laufen

Hier stellt man das Rad ab und unternimmt einen 260 Meter langen Gang übers Meer – auf den Holzplanken der Seebrücke natürlich. Der Neubau von 2001 ist inspiriert von seinem Vorgänger, der ersten Schönberger Seebrücke, die 1912 im Auftrag von zwei Hoteliers errichtet wurde und sogar mehr als vierzig Meter länger war als die heutige Version. Zu Beginn des Ersten Weltkrieges wurde die Brücke allerdings schon wieder zerstört. Die Angst, der Feind könne dort landen, war groß. In den Folgejahrzehnten gab es immer wieder Bemühungen, neue Seebrücken zu bauen, doch hielten diese den Kräften der Natur nicht Stand. Die jetzige fühlt sich zum Glück ziemlich stabil an.

Vom Schönberger Strand aus fährt man bequem durch das angrenzende Naturschutzgebiet, der Strandseelandschaft bei Schmoel und entlang der Steilküste bis zum Hohenfelder Strand.

260 Meter weit aufs Meer hinaus

KM 10

Schatzsucher im Steinparadies

2

Hohenfelder Strand

Eine einsame Bank

Plötzlich steht sie da, eine einsame Bank mitten am Natursandstrand. Sie lädt dazu ein – vielleicht bei einem Käffchen aus der Thermoskanne – einen kurzen Halt einzulegen. Blick aufs offene Meer, im Ohr das Kreischen der Möwen, rauer Wind, der einem um die Nase geht: Besser kann man nicht entschleunigen und kurz innehalten. Zwar ist das Baden eine eher ungemütliche Sache wegen der vielen Steine im Wasser, aber wer Fakir genug ist, taucht ab und genießt zur Belohnung das erfrischende Nass der Ostsee.

Die Strandstraße rechts hoch – das Meer kurz im Rücken –, dann die erste Abzweigung links nehmen und durch die Felder wieder zur Küste. Parallel zum Wasser weiter, bis rechts der Ostpreußenweg abgeht. Diesem bis zur T-Kreuzung folgen und anschließend auf dem Ostseering fahren, bis linker Hand auf einem Holzschild Steinparadies steht und eine kleine Treppe hinunter zum Strand führt.

Auf die Wellen schauen

KM 15

3

Steinparadies

Schätze finden

Hier fühlt man sich zwar nicht wie am Ende der Welt – aber fast. Der letzte Strand vor dem Übungsgelände der Bundeswehr ist naturbelassen und nicht viel besucht. Wenn man die kleine Steintreppe hinuntergelaufen ist und zwischen dichten Brombeersträuchern wie durch einen Tunnel auf das Wasser zugeht, fühlt sich der Ort ziemlich magisch an. Die Stimmung ist rau und wild, da erstaunen die zarten lila Blüten des Schaumkrauts zwischen den Steinen am Fuße des hohen Steilufers: Schönheit, die sich nicht unterkriegen lässt! Mit etwas Glück findet man Feuersteine, Granite, Keile oder Hühnergötter. Balance-Künstler bauen hier mit Steinen Türme. Toll sehen die aus! In Skandinavien sagt man übrigens, wer auf vorhandene Steinmännchen einen Stein auflegt, ist vor Trollen geschützt. Na?

Den Ostseering zurückfahren, aber dieses Mal rechts bei der groß ausgeschilderten Straußenfarm Ostseeblick abbiegen. Am Parkplatz und Hauptgebäude vorbeirollen. Links befinden sich der Stall und die Wiese, auf der die Strauße grasen.

Guckguck! Hier steckt keiner seinen Kopf in den Sand

KM 16

4 Straußenfarm
Beim größten Vogel der Welt

Inmitten des hier sehr flachen holsteinischen Hügellandes trifft man auf ein Geschöpf aus der Tierwelt, das sonst eigentlich nur in den Naturreservaten Afrikas in Wüsten und Halbwüsten, Savannen und im Grasland vorkommt. Der afrikanische Strauß ist einer, der mit Superlativen auftrumpft. Er ist nicht nur der größte und schwerste Vogel (er kann bis zu 2,80 Meter groß werden und bis zu 150 Kilogramm wiegen), sondern mit einer Renngeschwindigkeit von bis zu 70 Stundenkilometern auch der schnellste Vogel beim Laufen mit zwei Beinen. Neben den 170 Tieren bietet die Farm (www.straussenfarm-ostseeblick.de) noch ein hofeigenes Bistro und einen Hofladen an, in dem es Leckereien gibt. Sogar Straußeneier (imposant!) und Straußenlederartikel werden angeboten. Ein Besuch lohnt sich.

Vom Stall zurück auf den Weg. Diesem geradeaus und durch den Campingplatz bis fast ans Meer folgen. Das Rad über die Grasfläche bis auf den Weg schieben und den Wanderweg entlangfahren. Links den Ostpreußenweg hoch. Rechts in den Feldweg, der über die Holzbrücke über die Mühlenau direkt zur Imbiss-Scheune führt.

KM 18

5 Imbiss-Scheune
Pommes mit Meerblick

Ein weiß-roter Imbisswagen, auf dem in fetten weißen Lettern »Scheune« steht, im Hintergrund der Strand und das Meer. Man ist an dem Ort, an dem man es sich jetzt mal so richtig schön gut gehen lässt. Ein kühles (alkoholfreies) Bier, eine zünftige Portion Pommes rot-weiß und dazu das Geräusch der Wellen, die an den Strand branden. Was will man mehr? An stürmischen Tagen ist das Meer dunkel und in der Ferne jadegrün. Darüber türmen sich die Wolken in den verschiedensten Schichten auf wie ein mystisches Gebirge, und der Wind kühlt die Pommes so schnell ab, dass man kaum mit dem Essen hinterherkommt. An Sommertagen dagegen locken Sonne, Wonne und Glitzerwasser. Beides muss man erlebt haben.

Auf dem Radweg am Wasser entlang. Nach dem Abschnitt der Salzwiese auf der Strandstraße wieder Richtung Meer und dem Weg an der Küste folgen. Auf Höhe der Schöneberger Seebrücke links abbiegen, links die Promenade hinunterrollen, dann die Straße Am Schierbek bis zur Strandstraße nehmen. Auf der gegenüberliegenden Straßenseite weist das Schild den Weg zum Museumsbahnhof.

Pause mit Gönn-Dir-Faktor und Blick aufs stürmische Meer!

Relikt vergangener Zeiten: ein alter Waggon

EXTRA INFOS:

Wer denkt, dass zu einer windverwehten Tour am Meer auch ein Fischbrötchen gehört, sollte unbedingt die ● **Fischräucherei Ehlers** (www.fisch-ehlers.de) am Schönberger Strand besuchen. Sie wird immer wieder zu den besten Fischbrötchenbuden Schleswig-Holsteins gezählt. Das Matjesbrötchen – im Strandkorb genossen – ist einfach köstlich!

KM 28

6 **Museumsbahnhof Schönberger Strand**

Wo die Zeit stillsteht

KM 32 » ZIEL

Parkplatz An der Kuhbrücksau, Schönberg

Zu guter Letzt entführt diese Tour in eine Zeit, als der Schöneberger Strand noch der Ort war, an den es die Kieler:innen zog. Zum Baden, aber auch zum Flanieren und Sehen und gesehen Werden. Im Jahr 1914 eröffnete der Bahnhof im Ortsteil Schönberger Strand. Heute stillgelegt, pulsierte hier damals das Leben. Die Züge waren voll, selbst auf den Dächern saßen angeblich die reisenden Badegäste. Hein-Schönberg nannte sich die Strecke, die bis 1982 noch befahren wurde, ehe der Betrieb aus wirtschaftlichen Gründen eingestellt wurde. Derzeit wird die Strecke reaktiviert – wann auf ihr wieder Züge fahren, ist allerdings ungewiss. Bis dahin macht es Spaß, sich die alten Züge anzuschauen, darunter sogar historische Straßenbahnen der Berliner BVG (www.vvm-museumsbahn.de).

Zurück auf den Radweg zwischen Strand und Deich und diesem knapp 3,5 Kilometer folgen. Auf Höhe der Buhne 24 über den Deichweg auf die Straße Verwellengrund. Weiterfahren, bis links der Parkplatz liegt.

Straßenbahn der Vergangenheit

RADELN ZWISCHEN STRAND UND DEICH
Kalifornien
START & ZIEL
Parkplatz An der Kuhbrücksau
Brasilien
Au-Weide
Schönberger Strand
1 Seebrücke Schönberger Strand
Ernas Weide
Fischräucherei Ehlers
Museumsbahnhof Schönberger Strand 6
DAS RAUE MEER ZUR LINKEN
Neuschönberg
Schönberger Au
B 502
NSG
Schierbek
Scheidebach
Schönberg
Stakendorf
Krummbek
DURCH DIE WILDE SCHÖNHEIT DES OSTSEE-HINTERLANDES
N
0
1
2 KM
Lütt Hanshörn
Bendfeld
Rögen

AUF EINEN BLICK

- **Start/Ziel:** Parkplatz An der Kuhbrücksau, 24217 Schönberg. Alternative Anreise mit dem Bus der Linie 200 vom Kieler Hauptbahnhof Richtung Schönberg/Schönberger Strand.
- **Strecke/reine Radelzeit:** 32 km (Rundtour), 2 Std. 45
- **Höhenmeter:** ↗32 m, ↘32 m
- **Wegbeschaffenheit:** Überwiegend asphaltiert, viel Sand-, teils Feldwege.
- **Beste Zeit:** Das ganze Jahr über. Im Winter zieht man sich aber besser warm an – Helmmütze, Schlauchtuch und Handschuhe sind sehr empfehlenswert. Im Sommer unbedingt eincremen, die Sonne am Meer ist tückisch!
- **Mitnehmen:** Kamera, Badezeug, Sonnencreme.

DIE RADELPAUSEN

» START
Bahnhof Oldenburg (Holstein)

KM 13
1 Großsteingrab Blekendorf
Wenn Steine reden könnten

KM 18
2 Sehlendorfer Strand
Die Füße in den Sand graben

KM 21
3 Imbisswagen Moin Fritz in Hohwacht
Pommes zur Belohnung

15 AUF ZEITREISE

An der Hohwachter Bucht entlang

Gegenwart und Vergangenheit vermischen sich auf dieser Tour. Auf schattigen Alleen und kurvigen Landstraßen geht es bis zurück in die Steinzeit. Als Gegenpol lässt man sich ganz im Hier und Jetzt an Sandstränden den rauen Wind und Meeresduft um die Nase wehen.

KM 31

4 Weißenhäuser Strand Süd/ Hundestrand Brök

Alte Liebe

KM 34

5 Naturschutzgebiet Weißenhäuser Brök

Aussichtspunkt Oldenburger Graben

KM 41

6 Oldenburger Wallmuseum

Wie wir lebten, wer wir waren

KM 43 » ZIEL

Bahnhof Oldenburg (Holstein)

ZURÜCK IN DIE VERGANGENHEIT

In der einst schicksalsgebeutelten Stadt Oldenburg in Holstein wütete zuerst ganz furchtbar die Pest, dann brannte 1676 die komplette Innenstadt aus. Kaum zu glauben, wenn man heute durch die friedlichen Gassen des Ortes radelt, vorbei an hübschen (Backstein-) Häuschen, Geschäften und Cafés. Von hier aus geht es hinein ins landschaftlich reizvolle Hinterland der Hohwachter Bucht. Nach einer entspannten Fahrt vorbei an Feldern und Höfen gelangt man zu drei steinzeitlichen Gräbern – den **Megalithanlagen Buschkate in Blekendorf**. Nach dem Abtauchen in eine lang vergangene Welt radelt man anschließend wieder ins pulsierende Leben der Gegenwart, und zwar zu einem der schönsten Badestrände an der Ostsee, dem **Sehlendorfer Strand**.

IM VOGELSCHUTZGEBIET ZWITSCHERT UND PFEIFT ES AUS ALLEN RICHTUNGEN

Weiter geht die Fahrt durchs Naturschutzgebiet Sehlendorfer Binnensee. Die wunderschöne Strecke zieht sich parallel zum Meer durch das Vogelschutzgebiet, in dem es viel zu sehen gibt. Bald nachdem man den Zufluss zwischen Binnensee und Ostsee über einen romantischen Holzsteg überquert hat, erreicht man den nördlichsten Punkt der Tour: das Örtchen Hohwacht. Einst ein verschlafenes Fischerdorf, mit ein paar Reetdachkaten, ist es mittlerweile touristisch erschlossen, aber irgendwie immer noch verwunschen. Beim himmelblauen **Imbisswagen Moin Fritz** heißt es nun Auftanken, am besten heiß und fettig! Anschließend muss man nämlich wieder eine ganze Weile in die Pedale treten.

Durchs Hinterland und wieder zur Küste führt die Strecke zurück. Am Parkplatz Alte Liebe vorbei rollt man nun an den **Strand** mit großartiger Aussicht auf die wilde Steilküste. Bald ist man im Naturschutzgebiet **Weißenhäuser Brök** und dem Oldenburger Graben.

Mit dem Meer im Rücken reist man nun erneut in die Vergangenheit: Im **Oldenburger Wallmuseum** kann man entweder auf archäologischen Spuren wandeln oder einfach im Museumsshop stöbern. Auf dem Rückweg zum Bahnhof unbedingt am beeindruckenden grünen Burgwall entlangfahren. Als unübersehbares Bodendenkmal liegt der ehemalige slawische Herrschersitz des frühen Mittelalters inmitten der Stadt. «

RADELN & GENIEẞEN

Geschichte vor Ort erfahren

»START
Bahnhof Oldenburg (Holstein)

Mit dem Bahnhof im Rücken rechts die Bahnhofsstraße hinunterfahren. Diese wird zur B202, der man folgt, bis links die kleine Straße Neue Buschkate abgeht. Nach rund 400 Metern sind die Megalithgräber ausgeschildert.

KM 13

Großsteingrab Blekendorf

Wenn Steine reden könnten

Unter den großen Eichen stellt man das Rad ab und wandelt zwischen den Gräbern aus der jüngeren Steinzeit (erbaut zwischen 2700 bis 2500 v. Chr.). Ein Langbett mit Grabkammer ist am besten erhalten, weitere Steine zeugen von einem weiteren Langbett und einer Grabkammer. Ein Schild erzählt, dass die Siedelnden, die in der Steinzeit die Gräber erbauten, mit geschliffenen Feuersteinbeilen Bäume fällten und dann auf den Lichtungen ihre Siedlungen errichteten. In die steinernen Grabkammern, vor denen oder auf denen man gerade steht, gaben unsere Vorfahren als Teil ihres Totenbrauchs Trichterbecher aus Keramik, Bernsteinschmuck und Steingeräte. Der Frieden und die Ruhe, der die Megalithgräber Kaköhl umgibt, einzig unterbrochen von dem Rauschen der mächtigen umstehenden Baumkronen im Wind, wirkt tief nach. Ein besonderer Ort.

Steinzeit zum Anfassen

Wieder auf die Neue Buschkate und auf der B202 einen Kilometer zurückfahren. Dann links auf Vogelsang und Richtung Sehlendorf abbiegen und der Straße folgen, bis rechts die Strandstraße kommt. Auf dieser gelangt man zum Parkplatz, an dem rechts der Pfad zum Strand abzweigt.

KM 18

2 Sehlendorfer Strand
Die Füße in den Sand graben

Nachdem man das Rad abgestellt hat, stapft man durch weichen feinen Sand auf die Surfschule Surf & Sail zu, die mit ihrem Wagen seit über 25 Jahren den Weg markiert – und die Stimmung vorgibt (www.surfandsail.de). An dem drei Kilometer langen Naturstrand inmitten der weitläufigen Dünenlandschaft spürt man sofort entspannte Surf-Vibes: Die Wellen rauschen, der Himmel ist weit, und man kann windsurfen und kiten. Auf einem Pfahl mit vielen bunten Schildern steht, dass es von hier aus noch 3500 Kilometer bis Fuerteventura sind. Dort ist es auch schön, ja sicher, aber wer am Sehlendorfer Strand die Füße in den Sand gräbt und tief Luft holt, möchte eigentlich nirgendwo anders sein als hier.

Weiter geht's durchs angrenzende große Naturschutzgebiet Sehlendorfer Binnensee parallel zum Wasser bis nach Hohwacht. Einen kurzen Schlenker über die Strandstraße und dann auf den Weg An der Steilküste. Nach rund 800 Metern rechts durch den Wald auf den Dünenweg. Auf Höhe der Strandkorbvermietung am Ende des Weges links abbiegen auf den Platz der Seestraße.

Sehlendorfer Strand: Lust auf Welt!

Adäquate Reiseverpflegung gibt's bei Moin Fritz

KM 21

3 Imbisswagen Moin Fritz in Hohwacht
Pommes zur Belohnung

Der Bauwagen von Jan Ole ist nicht nur optisch ein Unikat – auch der Besitzer ist eine Marke und für seine humorvollen Sprüche bekannt. Vor allem aber kommt man geschmacklich auf seine Kosten. Als beste Fischbude an der Ostseeküste gilt der Imbiss unter Kennern! Die Fish and Chips mit angeblich der »weltbesten Remoulade« (O-Ton Jan Ole) haben es tatsächlich in sich: außen kross, innen butterzart. Aber auch das Matjesbrötchen (mit Frischkäse und geriebenem Apfel) ist einzigartig und unglaublich köstlich (www.instagram.com/moin_fritz)!

Nun ist es Zeit, den Rückweg anzutreten. Zunächst folgt man dem Weg, auf dem man hergekommen ist. Von der B202 geht's dann aber nach knapp 2,5 Kilometern links auf die Strandstraße. Nach 800 Metern ist man wieder am Meer.

KM 31

Weißenhäuser Strand Süd/ Hundestrand Brök

Alte Liebe

Zur Linken erhebt sich die dicht bewaldete Steilküste, an der der Begräbniswald Freden op'n Kliff manchen die letzte Ruhe – und den vielen Spaziergehenden Glücksgefühle – schenkt. Nicht umsonst setzt das Waldbaden auf die Heilkraft von Bäumen. An friedlichen Tagen liegt das Meer wie ein blanker Spiegel da, an stürmischen wogt es wild – dann sieht man Leute auf Kite- und Surfboards –, und ein scharfer Wind treibt einem beim Muschelsammeln am Strand Tränen in die Augen. Vor Freude. Über das Leben und vor allem über dieses Erlebnis. Die Schönheit der wilden Natur, die Macht des Meeres und die endlose Weite des Horizontes. Übrigens: Im angrenzenden Café prangt ein großes Bild des wunderschönen Holzsegelschiffs Alte Liebe, das in der Gegend als Segelschulschiff eingesetzt wurde – danach wurde der Parkplatz benannt.

Dem Radweg rechts am Wasser entlang und durch den Wald bis zum Aussichtspunkt Oldenburger Graben folgen, wo der Graben ins Meer führt.

Allein am wilden Strand: Herrlich!

Namensgeber des Platzes: Das Holzsegelschiff »Alte Liebe«, ein ehemaliges Segelschulschiff

Die Brücke führt zum FKK-Strand

KM 34

5 Naturschutzgebiet Weißenhäuser Brök

Aussichtspunkt Oldenburger Graben

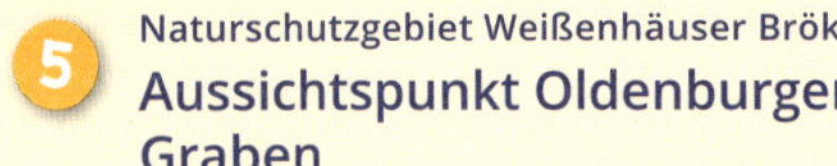

Oben auf dem Deich kann man das Rad abstellen und die Aussicht genießen – oder am Graben entlang zum Wasser laufen und sich am Weißenhäuser Strand (FKK-Bereich) im Meer erfrischen. Dies ist eine besondere Stelle: Der Oldenburger Graben, durch die letzte Eiszeit entstanden, verbindet das hiesige Meergebiet mit dem Teil der Ostsee an der Dahmer Schleuse in der Lübecker Bucht. Er ist insgesamt knapp 23 Kilometer lang. Früher eine Verteidigungsanlage für Oldenburg, sind um den Graben vier Naturschutzgebiete (NSG) mit seltenen Vogel- und Pflanzenarten entstanden. Man befindet sich hier im NSG Weißenhäuser Brök, einem der größten Dünengebiete an der schleswig-holsteinischen Ostseeküste. Käfer, Wildbienen, Grabwespen, Spinnen und Heuschrecken fühlen sich vor Ort wohl, aber auch Reptilien wie die Zauneidechse und die Waldeidechse.

FKK

Freiheit Freikörperkultur

Vom Damm ein Stück weiterfahren, runter auf die Straße Brök, umdrehen und links in die Seestraße, die später zur Strandstraße wird. Nach rund acht Kilometern geht es links in die Straße Langer Segen, der man folgt, bis es rechts zum Wallmuseum geht.

KM 41

6 Oldenburger Wallmuseum

Wie wir lebten, wer wir waren

Blick in die gute Stube

Nun rollt man auf das Gelände der einstigen Slawensiedlung Starigard und ist damit auch ganz in der Nähe des größten archäologischen Bodendenkmals Schleswig-Holsteins: Der Oldenburger Wall beschützte von 680 bis 700 die Burg und die sie umgebende Siedlung. Wer mehr erfahren will, besucht das nur wenige Gehminuten von der Wallanlage entfernte Oldenburger Wallmuseum (www.oldenburger-wallmuseum.de), in dem man die Lebenswelt der Slawen im frühen Mittelalter kennenlernen kann. Vor allem das rekonstruierte Hafendorf nebst nachgebautem, slawischem Handelsschiff am Wallsee ist faszinierend. Die dargestellten Szenen lassen einen das damalige Leben richtig nachspüren.

Falls man nach dieser Tour sein Fahrrad wieder in Schuss bringen muss, nutzt man bei Bedarf die geniale Fahrradreparaturstation vor dem Museum. Zurück auf die Straße Langer Segen nimmt man an der Kreuzung die Burgtorstraße und folgt dieser durch die Stadt bis zur Bahnhofstraße. Links liegt der Bahnhof.

KM 43 » ZIEL

Bahnhof Oldenburg (Holstein)

Ein slawisches Handelsschiff

Kieler Bucht
Hohwachter Bucht
3 Imbisswagen Moin Fritz
Hohwacht
Buchholz
Sehlendorfer Binnensee
2 Sehlendorfer Strand
Sehlendorfer Binnensee
Günnenfelde
Sehlendorf
PARALLEL ZUM MEER UND AUF DEM DEICH RADELN
Weißenhäuser Strand Süd / Hundestrand Brök
4
Weißenhaus
Döhnsdorf
ZEITREISE IN DIE STEINZEIT
ZWISCHEN DEN RIESIGEN BÄUMEN HINDURCH
1 Großsteingrab Blekendorf
B 202
Schulwald
Kaköhl
Barensdorf
Wasbuck
Blekendorf
Wangels
N
Friedrichsleben
0
1
2 KM
Nessendorf
Kükelühn
Großsteingrab Hansühn 2

AUF EINEN BLICK

- **Start/Ziel:** Bahnhof Oldenburg (Holstein)
- **Strecke/reine Radelzeit:** 43 km (Rundtour), 3 Std. 30
- **Höhenmeter:** ↗104 m, ↘104 m
- **Wegbeschaffenheit:** Überwiegend asphaltiert, teils Schotterwege.
- **Beste Zeit:** Im Sommer lockt der Strand, im Herbst, Winter und Frühling sind es eher die Farben der Bäume oder der Blick auf die nebelverhangenen Felder und Wälder, die wunderschön nachwirken.
- **Mitnehmen:** Kamera, Badezeug, Sonnencreme, Fernglas zur Vogelbeobachtung.

DIE RADELPAUSEN
» START
Bahnhof Owschlag
KM 10
1
Hofladen Bannick
Eine Marmelade für Daheim
KM 16
2
Hoheluft Wittensee
Den See sehen
KM 24
3
Kanalfähre
Frachter gucken

16 Immer am Kanal entlang

Von Owschlag über Groß Wittensee bis Rendsburg

Von den Binnenseen des Naturparks Hüttener Berge bis zur längsten künstlichen Wasserstraße Norddeutschlands: dem Nord-Ostsee-Kanal. Diese Route verspricht Landschaft pur – und Ozeanriesen in Greifweite. Also rauf auf's Rad und losradeln!

KM 29

4 Brauer's Aalkate
Anlegen beim Kanalfischer

KM 38

5 Eisstübchen am Kanal in Rendsburg
Eis mit Blick auf die Schwebefähre

KM 41

6 Kunstwerk Carlshütte
Bei den Affen

KM 44 » ZIEL
Bahnhof Rendsburg

DURCHS BINNENLAND …

… und dann immer weiter am Kanal entlang. Diese Tour pickt sich die schönsten Highlights des Hinterlandes der Ostseeküste heraus. Man radelt durch schattige Wälder, entlang stiller Seen und blühender Felder. Hinter jeder Kurve der abwechslungsreichen Landschaft wartet ein neues Panorama aus Hügeln, Wiesen und Mooren und natürlich der berühmten Verbindung zwischen Nord- und Ostsee: dem 98 Kilometer langen Nord-Ostsee-Kanal!

Die Tour beginnt in Owschlag und führt durch die einzigartige, von der Eiszeit geformte Endmoränenlandschaft des Naturparks Hüttener Berge. Am Bistensee lädt der **Hofladen Bannick** dazu ein, sich mit einer Kleinigkeit oder einem Heißgetränk zu stärken. Anschließend steht der weitaus größere und interessanterweise fast rechteckige Wittensee auf dem Programm. Dort verlockt die naturbelassene **Badestelle Hoheluft** zu einem Sprung ins Wasser.

BEEINDRUCKEND, WENN AM KANAL NEBEN EINEM EIN HAUSHOHER FRACHTER LAUTLOS VORBEIGLEITET

Durch schattige Alleen und entlang üppiger Wiesen und Felder radelt man bis nach Sehestedt, wo man mit der **Kanalfähre** die meistbefahrene künstliche Seeschifffahrtsstraße, den Nord-Ostsee-Kanal, überquert. Nun fährt man Seite an Seite mit Frachtern und Containerschiffen um die Wette bis zu einem der letzten Kanalfischer: **Brauer's Aalkate.** Weiter geht's ein kurzes Stück landeinwärts bis nach Schacht-Audorf am Südufer des Kanals und mit der Fähre Nobiskrug hinein in die gegenüberliegende Stadt Rendsburg.

Als Nächstes kommt man an der berühmten Hochbrücke vorbei, dem Wahrzeichen der Kreisstadt: Die neue Schwebefähre ist an Stahlseilen unter der über 110 Jahre alten Eisenbahnhochbrücke befestigt und eine der letzten Schwebefähren der Welt. Im **Eisstübchen am Kanal**, laut Umfrage die beste Eisdiele in Schleswig-Holstein, gibt's eine süße Köstlichkeit, bevor man die **Carlshütte** ansteuert.

Der Rückweg führt an Rendsburgs Hafen am Flusssee Obereider entlang bis zum Bahnhof Rendsburg. Zurück im Zug heißt es: Beine hoch und die vielen Impressionen sacken lassen. «

In der Ferne: die Rendsburger Eisenbahnbrücke

Ein Fischerboot in seinem letzten Hafen, einem Feld

Stopp machen am Wittensee

RADELN & GENIEßEN

Bahnhof Owschlag

Mit dem Bahnhof im Rücken links die Eisenbahnstraße runterfahren, bis diese auf die Straße Sachsbüttel trifft. Rechts abbiegen und der Straße immer weiter folgen, dann rechts die Hauptstraße hinunter nach Ahlefeld-Bistensee. Kurz hinter der Ortschaft befindet sich auf der Kreuzung mit dem Mühlenweg der Hofladen.

1 Hofladen Bannick

Eine Marmelade für Daheim

Frisches Gemüse aus dem Hofladen

Seit 1891 wird der landwirtschaftliche Betrieb, der die Regale des Hofladens füllt, von Familie Bannick in mittlerweile fünfter Generation (!) bewirtschaftet (www.hofladen-bannick.de). Eier, Kartoffeln, verschiedene Gemüsesorten, aber auch selbst gemachte Spezialitäten und Marmeladen findet man ausgebreitet wie auf dem Markt – nur ohne die langen Schlangen am Stand. Man kann ganz in Ruhe ein bisschen zwischen den »mit viel Liebe erzeugten Produkten« stöbern. Aus der Region, für die Region, ist das Motto. Wer also an ein kleines Touren-Mitbringsel denkt, sollte zuschlagen. Tipp: Das Fliederbeergelee ist unschlagbar köstlich!

Dem Mühlenweg bis nach Klein Wittensee folgen und auf der Dorfstraße linker Hand durch den Ort rollen. Nun immer parallel zum See die Landstraße entlangfahren (teilweise ist leider kein Radweg vorhanden). Die Badestelle kommt bei diesem viereckigen See rechter Hand kurz nach der Ecke.

Sonne, Regen, Pause am See

2 Hoheluft Wittensee

Den See sehen

Zwischen den Bäumen öffnet sich eine großzügige Lichtung direkt am Ufer des witzig geformten, rund zehn Quadratkilometer großen Wittensees. Mit seiner beinahe rechteckigen Gestalt liegt er in einem der Täler der Hüttener Berge. Segler:innen und Surfer:innen lieben ihn. Weil der Wind hier aus Süd-Südwest und West-Südwest frei über das Wasser weht, nutzen sie ihn gern als Alternative zur Eckernförder Bucht. Die kleine Badestelle, auf die man sein Rad schieben kann, bietet also neben kleinem Strand und sonniger Liegewiese auch eine fantastische Aussicht auf die bunten Surfsegel. Das sehr gute Wasser des Sees steht übrigens als beliebtes Mineralwasser in den Regalen der hiesigen Geschäfte.

Weiter immer am Wittensee entlang, dann links in den Schlaukweg ins Landesinnere bis nach Haby. Rechts auf die Eckernförder Straße und bei der Sehestedter Straße wieder rechts abbiegen. Nun den Schildern zur Kanalfähre folgen.

3 Kanalfähre

Frachter gucken

Nun ist man in Sehestedt oder – wie die Einheimischen sagen – im Dorf, durch das ein Kanal fließt. Von wortwörtlich einschneidender Bedeutung war nämlich die Zeit von 1887 bis 1895, als der Bau des Nord-Ostsee-Kanals den Ort in einen Süd- und Nordteil trennte. Nach der achtjährigen Bauzeit wurde der Kanal von Kaiser Wilhelm II. eröffnet und nach seinem Großvater Kaiser-Wilhelm-Kanal benannt. Er verbindet die Nordsee bei Brunsbüttel mit der Ostsee bei Kiel-Holtenau und erspart damit den Umweg rund um Jütland, etwa 450 Kilometer. Die Fährfahrt ist kostenlos und bietet einen tollen Ausblick auf die gigantischen Frachter und Dampfer (www.sehestedt.de/tourismus/sehestedt-am-nord-ostsee-kanal).

Auf der gegenüberliegenden Seite (Süd-Sehestedt) angekommen nach rechts wenden und dem Kanal Richtung Rendsburg folgen. Nach 5,5 Kilometern gelangt man zum Lokal.

Auf die Fähre warten in Sehestedt

KM 29

4 Brauer's Aalkate
Anlegen beim Kanalfischer

Hier macht man Halt beim letzten Kanalfischer. Familie Brauer (www.brauers-aalkate.de) serviert in ihrer rustikal eingerichteten Gastwirtschaft mit toller Terrasse und Blick direkt auf das Wasser und die Schiffe hauptsächlich Fisch aus eigenem Fang Je nach Saison sind das Zander, Hering, Scholle, Forelle, Hecht oder Aal. Wer also nach dieser doch ordentlichen Strecke Hunger verspürt, kann sich zum Beispiel mit frisch geräucherten Köstlichkeiten aus der hauseigenen Räucherei verwöhnen lassen.

Direkt hinter der Aalkate wird der Radweg am Kanal durch einen großen Bauzaun abgesperrt und man muss links auf der Schirnauer Seestraße zurück ins Landesinnere radeln. Nach rund 500 Metern geht es rechts ab auf die Dorfstraße und kurz darauf wieder rechts auf den Rader Weg. Diesem bis zur Kieler Straße folgen und bis zum Kanal hinunter. Dort nimmt man die Fähre Nobiskrug auf die andere Seite und biegt nach kurzer Fahrt links ab auf die Aalborgstraße. Nach längerer Strecke links hinunter Richtung Hochbrücke und parallel zum Wasser auf Am Kreishafen bis zum Eisstübchen fahren.

Direkt am Kanal gelegen: Brauer's Aalkate

Süßes Päuschen machen und vom leckersten Eis im Land kosten

KM 38

5 Eisstübchen am Kanal in Rendsburg
Eis mit Blick auf die Schwebefähre

»Ansturm aufs Eisstübchen«, »Schlange stehen für ein Eis am Nord-Ostsee-Kanal« – so und ähnlich lauten die Schlagzeilen im Frühling und Sommer und zeigen, wie unfassbar beliebt die Rendsburger Eisdiele ist (www.eisstuebchen-rendsburg.de). 2022 wurde sie in der großen Leser-Umfrage der Kieler Nachrichten zur besten Eisdiele in Schleswig-Holstein gekürt. Seit 1997 kreiert Besitzer Jens Perna aus regionalen Zutaten die süßen Köstlichkeiten, für die seine Kunden von überallher an den Kanal kommen. Kreationen wie Vegas, Schwedisch Karamell oder Sylter Sahne sind aber auch einfach sehr lecker. Etwa neun Sorten werden vegan hergestellt. Dazu kommt noch der unschlagbare Blick auf den Kanal und die Eiserne Lady: die Eisenbahnhochbrücke, die nicht nur die Eisenbahnlinie Hamburg–Flensburg trägt, sondern unter der auch die berühmte Schwebefähre hindurchgleitet.

Vom Ufer aus rechts die Wehraustraße hochfahren und rechts auf die Straße Wehrautal. Dieser quer durch die Stadt und den Stadtpark folgen. Nach einem Stück entlang der Eider rechts über die Straße An der Bleiche und an der B203 entlang, bis rechts es die Vorwerksallee abgeht. Dieser bis zum Eingang der NordArt folgen.

KM 41

6 Kunstwerk Carlshütte
Bei den Affen

Nach der besten Eisdiele geht's zu einer der größten zeitgenössischen Kunst- und Skulpturenausstellungen Europas. Auf dem Gelände der ehemaligen Eisengießerei Carlshütte in Büdelsdorf bei Rendsburg findet zwischen Juni und Anfang Oktober die NordArt statt, auf der mehr als 200 Künstler ihre Videos, Skulpturen und Installationen in den dortigen Hallen und im angrenzenden großen Park zeigen (www.kunstwerk-carlshuette.de). Selbstverständlich braucht man mehr Zeit als nur einen kurzen Stopp, um wirklich alles aufzunehmen. Glücklicherweise reicht es aber aus, nur um das Gelände zu radeln. Einige Skulpturen sieht man nämlich auch so. Beispielsweise die überdimensionierte Gruppe der zehn Gorillas. Die dreieinhalb Meter großen Bronzeplastiken standen übrigens 2018/19 acht Monate lang vor dem Kieler Landtag und regten natürlich viele Diskussionen an ...

Zurück auf die B203 und am Waldstückchen links ab. Auf Am Obereiderhafen parallel zum Flussee am Hafen vorbei durch den Wald und über die Dresdner Brücke auf die Straße Röhlingsplatz. Links abbiegen, am Sparkassengebäude vorbei über die Straße. Rechter Hand liegt der Bahnhof.

EXTRA INFOS:

Mal mitten im Wald übernachten? Das geht im ökologisch ausgebauten ● **Waldwagen**, inmitten der wilden Natur (nahe Groß Wittensee). Bei Google »Der Waldwagen Damendorf« eingeben, dann wird der passende Airbnb-Link angezeigt.

KM 44 » ZIEL

Bahnhof Rendsburg

Die zwölf Gorillas des chinesischen Künstlers Liu Ruowang

Über 200 Künstler:innen stellen hier jedes Jahr aus

DURCH DEN NATURPARK HÜTTENER BERGE RADELN
Immenberg 82
Aschberg 98
Ahlefeld-Bistensee
Ramsdorf
Owschlag
NORBY
START Bahnhof Owschlag
Hofladen Bannick 1
Heideteich
Owschlager See
Bistensee
Holzbunge
Mühlenteich
Stente
Sorge
NSG
Alt Duvenstedt
A 7
Neu Duvenstedt
B 77
Rickert
Fockbeker Moor
Büdelsdorf
Kunstwerk Carlshütte 6
Obereider-Yachtservice
MITTEN DURCH DIE STADT AM OCHSENWEG RADELN
Bahnhof Rendsburg
ZIEL
B 203
Rendsburg
Nord-Ostsee-Kanal
Eisstübchen am Kanal in Rendsburg 5
Wikingerburg
Osterrönfeld
N
0
1
2 KM

AUF EINEN BLICK

» **Start:** Bahnhof Owschlag
» **Ziel:** Bahnhof Rendsburg
» **Strecke/reine Radelzeit:** 44 km (Streckentour), 3 Std. 30
» **Höhenmeter:** ↗22 m, ↘28 m
» **Wegbeschaffenheit:** Überwiegend asphaltiert.
» **Beste Zeit:** In den Sommermonaten, wenn die Badestelle am Wittensee mit Erfrischung lockt, die Hügel und Felder blühen und man auf dem Rückweg am Eisstübchen einkehren und bei der NordArt Affen anschauen kann.
» **Mitnehmen:** Kamera, Badezeug, Sonnencreme, Tasche für Mitbringsel (wie Fliederbeergelee aus Bannicks Hofladen).

DIE RADELPAUSEN
» START
Bahnhof Lehnsan
KM 8
1
Kloster Cismar
Auf Stippvisite im Mittelalter
KM 16
2
Leuchtturm Dahmeshöved
Das Licht der Freiheit
KM 19
3
Seebrücke Kellenhusen
305 Meter übers Wasser

17 Von Gutshöfen und Meer

Durch Ostholstein entlang der Lübecker Bucht bis nach Neustadt

Ein imposantes Kloster, lange Sandpfade am Wasser und Gutshöfe, die einem den Atem rauben. Diese Route schenkt tolle Naturpanoramen, lässt aber auch das Genießerherz höherschlagen.

AUF NACH WAGRIEN!

Das klingt geheimnisvoll, nach einem fernen Land, bezeichnet aber seit alters her den nordöstlichen Zipfel des Schleswig-Holsteiner Festlandes, durch den diese Tour führt. Der Name geht auf den slawischen Stamm der Wagrier zurück, die spätestens seit dem 8. Jahrhundert das Gebiet bewohnten. Heute radelt man durch eine geschichtsträchtige Landschaft und an Gutshöfen vorbei, die vom (einstigen) Reichtum ihrer Besitzer zeugen. Natur und Kultur vermischen sich aufs Beste: Dies ist eine Route für Herz und Hirn.

Start ist der Bahnhof Lehnsan, per Expressbus-Verbindung mit Lübeck und Fehmarn verbunden. Durch die sanft hügelige Landschaft rollt man auf den ersten Halt zu, das **Kloster Cismar**, dann durch den dichten Mischwald bei Grönwohldshorst und durch Kellenhusen eine wunderschöne Strecke direkt am Wasser entlang. Ziel ist der **Leuchtturm Dahmeshöved** mit dem Gedenkstein Flucht über die Ostsee, der an einen wichtigen Teil deutsch-deutscher Geschichte erinnert und mahnt. Den Pfad am Strand zurück und in Kellenhusen angekommen, stellt man das Rad ab und schlendert auf der 305 Meter langen, berühmten **Seebrücke** des Ortes übers Meer.

AUF DEM FELD AM WALDRAND ENTDECKT MAN PLÖTZLICH EINE REHFAMILIE

Anschließend geht's immer weiter entlang der breiten Wege parallel zum Wasser, vorbei an den weitläufigen Naturstränden bis nach Grömitz. Hinter dem dortigen Jachthafen beginnt die herrlich raue und wilde **Steilküste**, an der man halten und sich die Meeresbrise um die Nase wehen lassen sollte. Weiter entlang des Waldes an der Klippe – zwischen den Bäumen immer wieder der Blick auf die Ostsee –, danach erneut ins Landesinnere und auf Bundes- und kleinen Landstraßen durch die Felder, bis man an das **Gut Hasselburg** kommt. Die Größe und architektonische Geschlossenheit der wunderschönen Gutsanlage ist einmalig für Schleswig-Holstein.

Durch Eichenalleen und Wälder und Felder fährt man weiter und darf sich bald mit Kaffee und Köstlichkeiten im **Palmenhauscafé** belohnen, bevor man die Rückreise gen Neustadt und zum Bahnhof antritt. «

ahnmal deutsch-deutscher
eschichte: der Gedenkstein
n der Küste

Das Torhaus von Gut Sierhagen

Betörendes Farbenspiel am Meer

RADELN & GENIEẞEN

» START

Bahnhof Lehnsan

Vom Bahnhof aus rechts die Bäderstraße runter und dieser ohne abzubiegen folgen, bis sie auf die Bundesstraße 501 trifft. Hier rechts ab. Nach wenigen Metern geht's gegenüber zum Kloster.

Der Leuchtturm Dameshöved

KM 8

1 Kloster Cismar

Auf Stippvisite im Mittelalter

Rad abstellen und über das Gelände der großen mittelalterlichen Abtei des Klosters Cismar, einer ehemaligen Benediktinerabtei, schlendern (www.kloster-cismar.de). Im Jahre 1325 besaß die Abtei einen Hafen, 22 Dörfer, zwölf Mühlen, Seen und Fischteiche. Ein Blick ins Innere des imposanten Baus ist sehr zu empfehlen: Dort befindet sich einer der ältesten erhaltenen Flügelaltäre überhaupt. Nach 1561 diente das Gebäude den vielfältigsten Zwecken: als Schloss mit Gutsbetrieb, als Amtmannswohnung als Auslagerungsort der Universitätsbibliothek Kiel im Zweiten Weltkrieg, als Flüchtlingswohnheim, als Jugendherberge und sogar als Schule. Heute finden hier regelmäßig Kunstausstellungen statt.

Entlang der B501, dann rechts auf die Straße K51 und durch den Wald bis zum Waldparkplatz Kellenhusen. Links abbiegen und weiter durch den Kellenhusener Forst am Wildschweingehege vorbei bis Torfredder. Rechts abbiegen und der Straße Torfredder folgen, bis links der Dahmer Weg abgeht. Auf diesem geradeaus am Bauernhof vorbei und links auf dem Weg Dahmeshöved zum Leuchtturm.

Am Kloster Cismar parken

In Kellenhusen geht's weit hinaus aufs Meer

KM 19

3 Seebrücke Kellenhusen

305 Meter übers Wasser

Einmal übers Meer wandeln – ein herrlicher Gedanke! Also steigt man einfach ab und spaziert auf den hölzernen Planken der imposanten Brücke gen Horizont. Spannend sind auch die Themeninseln der Brücke, drei begehbare, tieferliegende Flächen, auf denen sich zum Beispiel fest installierte Hängematten befinden. Am Seebrückenkopf legen Schiffe an: von und nach Lübeck, Travemünde und Fehmarn. Ihren besonderen Charme entfaltet die Brücke vor allem nachts. Dann leuchten mehrere tausend LEDs in verschiedenen steuerbaren Farbverläufen und machen sie zur Lichterbrücke – sowie der einzig illuminierten Seebrücke an der deutschen Ost- und Nordseeküste.

Weiter am Wasser entlang. Hinter dem Grömitzer Jachthafen beginnt die Steilküste.

KM 16

2 Leuchtturm Dahmeshöved

Das Licht der Freiheit

Fast 29 Meter ragt er stolz in die Höhe, der Leuchtturm Dahmeshöved. Von dem achteckigen Ziegelturm, dessen Form eher an einen Burgturm erinnert, geht der Blick weit über die Mecklenburger Bucht. Ein besonderer Ort, an dem man sich im kleinen Kreis sogar trauen lassen kann. Die Betonung liegt auf klein: Aufgrund des Platzmangels passen nur sieben Gäste hinein. Geöffnet ist der Turm nur zwischen April und Oktober, und zwar sonntags bis donnerstags von 15 bis 16.30 Uhr. Zu DDR-Zeiten diente er den Menschen auf der Flucht als Orientierung und wurde deshalb Licht der Freiheit genannt. Ein Gedenkstein in der Nähe am Meer erinnert immer noch an diese Zeit.

Den Weg zurückfahren und vor bis ans Wasser. Hier steht der Gedenkstein Flucht über die Ostsee. Rechts von diesem geht's den Strandweg entlang geradeaus bis zur Seebrücke.

Abends ein erleuchtetes Wahrzeichen: die Seebrücke

Die Grömitzer Steilküste in der Ferne

KM 42

5 Gut Hasselburg
Bezaubernde Symmetrie

Zwischen Wiesen und Wald rollt man auf eine Gutshofanlage wie aus dem Bilderbuch zu (hasselburg.de). Sie gilt als beispielhaft für einen vollständig erhaltenen Gutshof aus dem 18. Jahrhundert. Darüber hinaus steht hier Deutschlands größte erhaltene Reetscheune (ja, sie ist wirklich riiiiesig!). Alles in allem ist dieser Ort zum Staunen schön. Darüber hinaus locken das reiche Kulturprogramm und Konzerte (zum Beispiel das Schleswig-Holstein Musik Festival) jedes Jahr viele Menschen auf das adlige Gut.

Knapp drei Kilometer durch Wald und Wiesen bis zum Gut Sierhagen fahren.

KM 30

4 Steilküste von Grömitz
Blick aufs wilde Meer

Nun ist es an der Zeit, die Lieblichkeit der Strände gegen die schroffe und wilde Schönheit der Steilküste einzutauschen. Hier ragen die schlammigen und sandigen Abbruchkkanten viele Meter hoch in den Himmel, und zu ihren Füßen sollte man genau hinschauen. Nach stürmischen Tagen werden die Überreste der Eiszeit durch Regen und Wellen an den Strand gespült, darunter Kleinfossilien (Schwämme, Seeigel, Kelchkorallen), Feuersteine oder Hühnergötter – die Auswahl ist groß. Mit Glück findet man etwas Kleines, Schönes fürs Regal zuhause.

Weiter oben auf der Klippe entlang. Der Weg durchquert ein kleines Waldstück und führt an Albersdorf und Bliesdorf vorbei. Auf der B501 bleiben, bis es rechts in die Dorfstraße geht. An der Neustädter Straße kurz rechts und dann links in den Kattenredder bis nach Altenkrempe. Hier der Milchstraße folgen, dann links zum Kulturgut Hasselburg.

Crèmefarbener Traum: das Herrenhaus des Gut Hasselburg

Auf einen Kaffee im Palmenhauscafé

KM 46

6 Palmenhauscafé

Kaffee im Orangenhaus

An diesem letzten Halt (www.gut-sierhagen.de/das-gut/palmenhaus-cafe) darf man den hochherrschaftlichen visuellen Eindrücken noch kulinarische folgen lassen. Im Garten des Guts Sierhagen speist man im Palmenhaus (früher Orangenhaus), ein Geschenk von Kaiserin Auguste Viktoria an die Gräfin Plessen im Jahr 1900. Es sollte die exotischen Pflanzen, eine Leidenschaft der Gräfin, vor dem norddeutschen Winter schützen. Heute befindet sich das Café neben der Gutsgärtnerei und ist für seine köstlichen Torten bekannt (die schwedische Apfeltorte und die Himbeertorte sind sehr lecker!). Wenn es geschlossen hat, kann man tolle Spaziergänge rund um das Gut Sierhagen unternehmen. Mit Glück trifft man auf eine der süßen Hof-Katzen, die um das Anwesen schleichen.

Den Sierhagener Weg bis zur Eutiner Straße fahren. Links abbiegen und der Eutiner Straße bis zum Bahnhofstraße folgen (theoretisch kann man auch vorher quer durch den kleinen Park fahren) und bis zum Bahnhof rollen.

EXTRA INFOS:

Auf der Strecke liegt auch das ● **Wildschweingehege** vom Kellenhusener Forst. Hier kann man den borstigen Tieren Hallo sagen (so wild sind die gar nicht, sondern ziemlich an Menschen gewöhnt).

Wer einmal das Gefühl haben möchte, Teil einer adligen Hofgemeinschaft zu sein, übernachtet auf dem **Kulturgut Hasselburg** (Stopp 5) in einer der traumhaft luxuriösen Ferienwohnungen (hasselburg.de/wohnen/ferienwohnungen).

Nur einen kleinen Abstecher von der Route entfernt befindet sich der wunderschöne ● **Hof Klostersee** (klostersee.org/hofladen) mit Laden und Café. Dort wird Köstliches aus der hofeigenen Bäckerei serviert.

KM 51 » ZIEL

Bahnhof Neustadt (Holstein)

Türsteherin: eine Katze auf ihrem Wachposten

Lensahn
Bahnhof Lehnsan START
Kabelhorst
Großer Mühlenteich
Lensahnerhof
Manhagen
Naturpark Holsteinische Schweiz
Wahrendorf
Schönwalde am Bungsberg
Beschendorf
Hünengrab Sievershagen
Marxdorf
A 1
Hobstin
Groß Schlamin
Bentfeld
Klein Schlamin
Brenkenhagen
Stolpe
VORBEI AN HÜGELIGEN WEIDEN UND SAFTIGEN WÄLDERN
Krummbek
SCHÖN AM RAND DER STRASSE FAHREN
Kassau
Großsteingrab Sierhagen 1
5 Gut Hasselburg
Logeberg
Schashagen
Bliesdorf
Altenkrempe
6 Palmenhauscafé
Beusloe
B 501
Binnenwasser
Merkendorf
Neustädter Binnenwasser
Rogerfelde
Neustadt
ZIEL Bahnhof Neustadt
Roge
Rettin
N
0
1
2 KM
Pelzerhaken
Neustädter Bucht

AUF EINEN BLICK

- **Start:** Bahnhof Lehnsan (Expressbusverbindung nach Lübeck und Fehmarn)
- **Ziel:** Bahnhof Neustadt (Holstein)
- **Strecke/reine Radelzeit:** 51 km (Streckentour), 3 Std. 45
- **Höhenmeter:** ↗53 m, ↘63 m
- **Wegbeschaffenheit:** Viele asphaltierte Straßen, aber auch Sandwege am Wasser entlang.
- **Beste Zeit:** Zwischen April und Oktober, wenn die die Natur (auf)blüht, der Wind nicht mehr ganz so kalt ins Gesicht pustet und die herrlichen Güter und Cafés ihre Saison gestartet haben.
- **Mitnehmen:** Kamera, Badezeug, Sonnencreme, Tasche für Mitbringsel (Steine von der Grömitzer Steilküste).
- **Kombinierbar mit:** Tour 8

DIE RADELPAUSEN

»START
Bahnhof Oldenburg (Holstein)

KM 9
1 Blank Eck
Wo das Leuchtfeuer scheint

KM 18
2 Bunkerruine
Überreste des Gestern

KM 20
3 Aussichtsplattform »Mann im Sturm«
Durch den Monsun

18 GUTE AUSSICHTEN

Von Oldenburg (Holstein) über Heiligenhafen bis nach Großenbrode

Versteckte Strände, Landstraßen und eine Vielfalt an Aussichtspunkten. Ziel ist der Blick aufs Meer! Eine Tour, um mal so richtig abzuschalten und einen einsameren Teil der Ostseeküste zu erkunden. Die Abenteuerlust wird belohnt: Überlaufen ist's hier (noch) nicht!

FELDER, WÄLDER UND DANN DAS MEER

Wer diese Tour über die Landzunge Wagrien unternimmt, erlebt 30 Kilometer pures Küstenfeeling. Bei bestem Ostseeklima (die Gegend zählt zu den sonnenreichsten der gesamten Bundesrepublik) lässt man den Alltag hinter sich: Hallo, Mini-Urlaub!

Zuerst geht's aus Oldenburg raus und durch die bunten Felder Ostholsteins bis an den kleinen Strand von **Blank Eck**, wo man für eine Erfrischung ins Wasser hüpft. Danach führt die Tour durch sanft geschwungene Mais-, Weizen- und Rapsfelder, das Meer immer wieder wie ein blaues Band am Horizont in Sichtweite. Kurz vor Heiligenhafen fährt man durch ein sumpfiges Morast- und vor allem Naturschutzgebiet, auf dem Galloway-Rinder friedlich vor sich hin grasen.

MIT ETWAS GLÜCK IST AM WILDEN STRAND DER WUNDERSCHÖNE GESANG DES SANDREGENPFEIFERS ZU HÖREN

Am steinigen Strand bei der **Bunkerruine** angekommen, flattern Schwalben hoch, die sich in die hier beginnende Steilküste ihre Nester gebaut haben. Sogar die vom Aussterben bedrohten Sandregenpfeifer brüten vor Ort. Weiter geht's durch Natur und Vororte von Heiligenhafen zur **Aussichtsplattform »Mann im Sturm«**, von der man parallel zu Strand und Meer und teilweise hinter dem mit Dünengras bewachsenen Deich entlangrollt.

Eine kleine Wegzehrung gibt es im **Bella Vista**, das seinen vielversprechenden Namen nicht umsonst trägt. Gestärkt und vom Winde verweht, folgt man der Promenade, links der lange Strand, Strandkörbe und Leben, rechts der Binnensee von Heiligenhafen. An der **Seebrücke** ist der nächste Halt. Dort läuft man auf großen Holzplanken über den langen Strand aufs Meer zu.

Anschließend steht eine kleine Tour durch Heiligenhafen an, vorbei an touristischen Cafés und industriell anmutenden Hafengebäuden, bis an das Ufer unterhalb der ehemaligen Insel und dem heutigen bekannten Naturschutzgebiet Graswarder. Ganz in der Nähe des **Leuchtturms** lohnt ein letzter Stopp, bevor man sich auf den Rückweg Richtung Großenbrode, dem letzten Bahnhof vor Fehmarn, macht. «

Schönste Entdeckung auf dem Weg

Hinterm Deich radelt es sich leicht

RADELN & GENIEßEN

»START

Bahnhof Oldenburg (Holstein)

Vom Bahnhof aus der Holsteiner Straße folgen, beim dm-Markt links auf die Burgtorstraße und raus aus der Stadt. Rund 300 Meter vor Teschendorf links abbiegen, dann rechts auf den Lütjenburger Weg und nach kurzer Zeit links die Sackgasse hinunter.

KM 9

Blank Eck

Wo das Leuchtfeuer scheint

Wer mit seinem Rad bis an den Strand rollt, sieht zu seiner Linken den 1986 errichteten weißen Betonturm mit dem roten Laternenhaus. Ähnlich wie ein Leuchtturm schickt das Leuchtfeuer Lichtsignale hinaus aufs Meer. In diesem Fall aber nur, wenn von den Truppenübungsplätzen Putlos und Todendorf, die sich hinter dem großen Stacheldrahtzaun erstrecken, auf Luft- und Seeziele geschossen wird. Das Leuchtfeuer Blankeck gehört zu einer Reihe von insgesamt sechs Warnfeuern in diesem Gebiet. Aber meistens geht's sehr friedlich zu. Der Strand ist nicht nur bei Einheimischen beliebt, die sich darüber freuen, dass er selbst im Hochsommer nicht überlaufen ist, sondern auch bei Angler:innen, die fette Beute machen möchten.

Zurückfahren und links in die Straße Neuteschendorf abbiegen, die in den Lütjenburger Weg mündet. Nach rund 6 Kilometern links abbiegen in die Straße Am Hohen Ufer und bis zum Meer radeln.

Wilde Küste: gute Aussichten in Blank Eck

KM 18

2

Bunkerruine

Überreste des Gestern

Zur Linken beginnt die Steilküste, rechts sieht man weit den Naturstrand entlang bis nach Heiligenhafen. Ein besonderer Hingucker sind die riesigen Trümmerbrocken, die verstreut am Fuße der Klippen liegen. Wind und Wellen haben sich im Laufe der Zeit immer mehr von dem Gebäude genommen. Offizielle Informationen finden sich kaum, im Netz wird gemutmaßt, dass es sich um eine alte Bunkerruine aus dem Zweiten Weltkrieg handelt. Heute klettern Kinder über die alten Steine.

Zurück durch die Wiesen. Statt rechts auf das Hohe Ufer geht's links Richtung Heiligenhafen. Am Parkplatz links entlang über die Elefantenbrücke und auf Im Seepark bis ans Wasser. Nach rechts wenden, dann kommt nach wenigen Metern die Figur.

Vom Winde verweht, der »Mann im Sturm«

Strandwanderer klettern auf der Ruine am Strand

KM 20

3

Aussichtsplattform »Mann im Sturm«

Durch den Monsun

Wieder am Wasser kann man kurz innehalten im Schatten einer Figur, die hier so gut hinpasst wie der Wind und die Wellen: Kunstschmied Heiko Voss schuf das Kunstwerk des sturmumtosten Mannes mit seinem nutzlosen, umgeklappten Regenschirm aus rostrotem Stahl ursprünglich für eine Ausstellung in Schönberg. Dort steht sie auch immer noch. Doch die Figur des überlebensgroßen Mannes, der in seiner Form an ein Strichmännchen erinnert, fand schnell viele Fans aus Heiligenhafen, und so entstand eine zweite Ausführung für die Promenade, wo sie seit 2008 die Vorbeilaufenden und -rollenden begeistert.

Die Seebrückenpromenade entlangfahren. Das Bella Vista befindet sich nach knapp zwei Kilometern rechter Hand.

KM 22

4

Restaurant Bella Vista

Hinter den Dünen speisen

Wer sich vom Radeln und der frischen Meeresbrise einen ordentlichen Appetit geholt hat, kann sich jetzt freuen: Im Restaurant Bella Vista (bella-vista.business.site), das nur einen Katzensprung vom Strand entfernt liegt, kocht der Chef höchstpersönlich köstlich authentische Pastagerichte. Auf der Außenterrasse sitzen, einen Teller Penne Arrabiata vor sich, dazu die Sicht auf den Deich, den Strand dahinter und die ganzen Menschen in Urlaubsstimmung und mit Strandlust: Das ist einfach herrlich!

Der Seebrückenpromenade folgen.

Köstlichkeiten gibts im Bella Vista hinterm Schilf

Ein Spaziergang aufs Meer gefällig?

KM 23

5

Seebrücke Heiligenhafen

Holz über Wasser

Das Rad abstellen und auf zu einem 435 Meter langen Spaziergang über den Strand und hinaus aufs Meer. 2012 eingeweiht, bieten sich auf der sogenannten Erlebnisbrücke in ungewöhnlicher Zickzackform Ausblicke auf die Ostseeküste und die Insel Fehmarn in der Ferne. Auf der teils zweigeschossigen Seebrücke gibt es Spielbereiche für Kinder und für alle anderen, die mit dem Klang des Meeres in den Ohren durchschnaufen wollen, gemütliche Liegen und Sitzgelegenheiten und sogar öffentliche Toiletten. Am schönsten ist es aber, bis ganz nach vorne zu schlendern, sich mit Blick auf die ungestüme See hinzusetzen und tief einzuatmen.

Der Seebrückenpromenade weiter folgen, rechts in den Graswarder Weg, links in den Steinwarder Weg. Immer am Wasser entlang und am Jachthafen vorbei, bis links ein Parkplatz-Rondell kommt.

KM 27

Ausguck beim Leuchtturm

Blick auf die Insel

Noch einmal schön auf der Bank verschnaufen mit Blick auf die See und die Fehmarnsundbrücke in der Ferne – oder direkt die Straße hochradeln? Dort steht mitten im Wohngebiet am Rande von Heiligenhafen in einem Garten der 13 Meter hohe, viereckige Turm aus Klinker. Damit die Fischerboote auch sicher heimkehren konnten, zog man hier ab 1885 abends eine Laterne mit einem Parabolspiegel an einem Fischerhaus auf. Die einfache Laterne war der erste Leuchtturm von Heiligenhafen. Als das Gebäude durch einen Brand zerstört wurde, errichtete man 1907 einen zwölf Meter hohen runden Leuchtturm mit einer eisernen Laterne. 1938 wurde dann der heutige Turm gebaut, an dessen Seeseite zur Erinnerung die drei Jahreszahlen angebracht sind.

Dem Lütjenbroder Weg folgen und auf dem Radweg so lange die Bahnhofsstraße entlangfahren, bis man in Großenbrode an den Bahnhof gelangt.

EXTRA INFOS:

Wer Lust auf wilde Natur hat, radelt von der Seebrücke aus den Graswarder Weg weiter bis zum Naturschutzgebiet. Auf der ● **Graswarder Landzunge** kann man einen ausgedehnten Spaziergang unternehmen, Wildtierbeobachtungen inklusive!

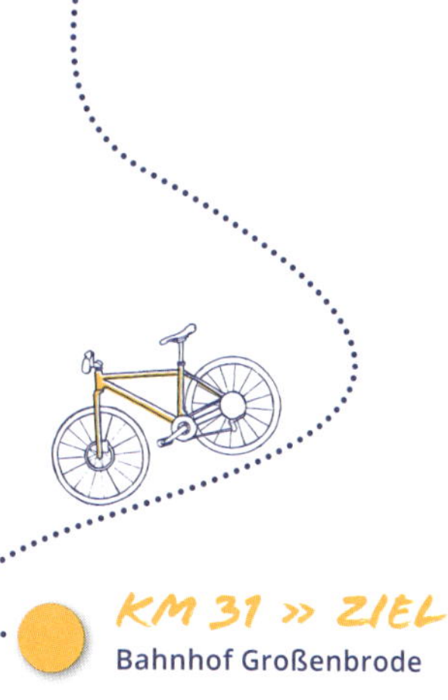

KM 31 » ZIEL

Bahnhof Großenbrode

Blick aufs Wasser, auf die Boote. Durchatmen. Sein

Kieler Bucht
Aussichtsplattform »Mann im Sturm« 3
Restaurant Bella Vista 4
Graswarder Landzuge
Bunkerruine 2
Seebrücke Heiligenhafen 5
Heiligenhafen
Struckberg
Hügelgrab
Blank Eck 1
Hohwachter Bucht
UND IN DER FERNE IMMER DER BLAUE STREIFEN DES MEERES
Großsteingrab Putlos 7
Wandelwitz
Techelwitz
Gremersdorf
A 1
Schuppenberg 67
VORBEI AN WOGENDEN KORNFELDERN
Meeschendorf
Kröß
Giddendorf
NSG
Klein Wessek
DANNAU
Oldenburg in Holstein
QUER DURCH DIE ALTSTADT
Antoinettenhof
B 202
START Bahnhof Oldenburg (Holstein)
Göhl
N
0 1 2 KM
Oldenburger Bruch
Oldenburger Graben

AUF EINEN BLICK

- **Start:** Bahnhof Oldenburg (Holstein)
- **Ziel:** Bahnhof Großenbrode
- **Strecke/reine Radelzeit:** 31 km (Streckentour), 2 Std. 30
- **Höhenmeter:** ↗42 m, ↘43 m
- **Wegbeschaffenheit:** Meist asphaltierte Straßen, teils Sand- oder rumpelige Landwege.
- **Beste Zeit:** In den Sommermonaten, wenn die Strände und das Meer mit einem erfrischenden Bad locken, die Felder hoch stehen und sich unter der Sonne im Wind wiegen und in der Luft der Gesang der Vögel schwebt.
- **Mitnehmen:** Kamera, Badezeug, Sonnencreme, Fernglas für Vogelbeobachtungen.
- **Kombinierbar mit:** Tour 15 und Tour 19

DIE RADELPAUSEN

>> START
Bahnhof Großenbrode

KM 5
1 Fehmarnsundbrücke
Über den Kleiderbügel

KM 8
2 Leuchtturm Strukkamphuk
Beim Kleinen vorbeischauen

KM 9
3 Hünengrab
Ein steinaltes Geheimnis lüften

19 REIF FÜR DIE INSEL

Nach Fehmarn, quer durchs Land und zurück nach Großenbrode

Eine Insel wie ein Plattfisch, eine Brücke wie ein Kleiderbügel, drum herum das wilde, aufgeworfene Meer mit Schaumkronen wie die Schneespitzen auf einem Gebirge. Das Tour-Motto? Fehmarn Ahoi!

PLATT WIE EINE FLUNDER …

… liegt sie im Meer: Fehmarn, Schleswig-Holsteins einzige Ostseeinsel. Von den Gletschern der letzten Eiszeit vor mehr als 11 000 Jahren glatt gerieben, bietet sie bequemsten Radeluntergrund. Außer Puste kommt man nur bei Gegenwind. Dazu scheint überdurchschnittlich häufig die Sonne. Besonders schön ist es im Mai, wenn der Raps blüht und sich der Knust, wie Fehmarn im Volksmund genannt wird, in eine gelbe, duftende Decke auf dem Wasser verwandelt, das blaue Meer als Kontrast. Aber eigentlich ist es das ganze Jahr über herrlich.

UNVERGESSLICH, WENN SICH AUF DER FEHMARNSUNDBRÜCKE DAS HERRLICHE PANORAMA DER INSEL VOR EINEM AUSBREITET

Die Tour beginnt am Bahnhof Großenbrode. Es geht durch den Ort und die angrenzenden Felder und auf einen kleinen Weg, der neben der B207 zur beeindruckenden **Fehmarnsundbrücke** führt – von den Einheimischen wegen ihrer Form liebevoll als Kleiderbügel bezeichnet. Anschließend fährt man linker Hand die Küste entlang bis zum kleinen, aber feinen **Leuchtturm Strukkamphuk**. Unterwegs kommt man vielleicht an Angler:innen vorbei, die auf Plattfische wie Flundern hoffen.

Weiter immer am Wasser entlang und vorbei an Stränden, über denen der Himmel nur so flirrt und surrt von Kite-Drachen. Fehmarn gilt für viele als die Wiege des Kitesurfens in Deutschland und hat in der Szene Kultstatus – kein Wunder, dass man überall Bullis und Campervans sieht. Aber Fehmarn kann auch einsam: Abseits vom Trubel und Surf-Leben hält man beim Alversteen, einer **Megalithanlage aus der Jungsteinzeit**, kurz inne. Zurück am Wasser geht's nun bis nach Gold für eine Kuchenpause im **Café am Meer**.

Frisch gestärkt radelt man mit der Ostsee im Rücken quer durchs flache Binnenland. Raps- und Getreidefelder, Bauernhäuser und ansonsten einfach nur Weite und Horizont, wohin das Auge blickt. Ein kleiner Spaß zwischendurch muss sein, deshalb stoppt man kurz am **Tüdelautomat**. Danach fährt man auf der Landstraße nach Burg, mit rund 6000 Einwohner:innen der größte Ort der Insel. (Die restlichen 8000 Einheimischen leben in den anderen 42 Ortschaften.) Im **Schmetterlingspark** lässt man sich noch einmal verzaubern, bevor es in Burg wieder Richtung Süden zum Ausgangspunkt, dem Bahnhof Großenbrode, geht. Unterwegs bewundert man den Burger Binnensee und die Wulfener Berge und macht auf der Fehmarnsundbrücke ein letztes Foto im Sonnenuntergang mit atemberaubenden Panorama. «

Der »Kleiderbügel« am Horizont

Pause!

Kiter:innen an ihrem Lieblingsspot an der Westküste

RADELN & GENIEßEN

Aussicht auf die einzige Festlandsverbindung

» START

Bahnhof Großenbrode

Vom Bahnhof der Straße Am Fliederhof folgen, bis es über die Schnellstraße B207 geht. Kurz danach rechts abbiegen in den Königsweg. Dieser wird zum schmalen Radweg und führt auf die Fehmarnsundbrücke.

Ist das Kunst oder die Fehmarnsundbrücke?

KM 5

Fehmarnsundbrücke

Über den Kleiderbügel

Das ist es also, das Wahrzeichen Fehmarns! Aber bitte nicht einfach darüber hinwegradeln, sondern auch mal stehenbleiben und den fantastischen Blick auf Meer und Insel genießen! Die Brücke, 1963 eingeweiht, verbindet Fehmarn mit dem Festland. Sie führt über den an dieser Stelle 1,3 Kilometer breiten Fehmarnsund, ist aber nur 963 Meter lang. Wie geht das? Die fehlenden knapp 400 Meter werden durch Rampen auf beiden Seiten beigesteuert. Für die Einheimischen war die Brücke eine Erleichterung, ersetzte sie doch die schaukelige Fähre über den Sund. Als Zeitzeugin erinnert sie zudem an den historischen Kontext ihrer Bauzeit: Wegen des Kalten Krieges, in dem sich Deutschland damals befand, gab es sechs Sprengschächte in der Brücke, die sie im Worst-Case-Szenario zerstört hätten. Heute sind an diesen Stellen quadratische Asphaltflicken zu sehen.

Vom Parkplatz auf der Inselseite den Geh- und Radweg linker Hand am Wasser entlangfahren – geradeaus auf den Leuchtturm zu.

Süß: Leuchtturm Strukkamphuk

KM 8

Leuchtturm Strukkamphuk

2 Beim Kleinen vorbeischauen

Gleich fünf Leuchttürme gibt es auf Fehmarn – das hier ist der älteste und der kleinste. Bevor der Strukkamphuk gebaut wurde, gab es an dieser Stelle ab 1872 ein erstes Leuchtfeuer, das auf einem drei Meter hohen Holzgerüst errichtet wurde. 1896 folgte ein eisernes Laternenhaus, das 1935 durch den heutigen hübschen und nur fünf Meter hohen, weißen, runden Betonturm ersetzt wurde. Zwar ist das Gelände rund um den Turm und sein kleines Leuchtturmwärterhäuschen eingezäunt, aber durch den Zaun gucken darf man trotzdem.

Vom Leuchtturm aus geradeaus mit dem Wasser zur Linken die Küste entlang und vorbei am Campingplatz Strukkamphuk fahren. Nach einer Weile kommt das Schild, das zur Megalithanlage rechter Hand in ein kleines Waldgebiet führt.

KM 9

Hünengrab

3 Ein steinaltes Geheimnis lüften

Nachdem man durchs Surferparadies geradelt ist, hält man unter den dichten Bäumen beim Hünengrab, auch Alversteen genannt, inne. In Norddeutschland gibt es recht viele solcher Megalithgräber aus der Jungsteinzeit. Nur nicht auf Fehmarn: Auf der waldarmen Insel wurden die Steine zur Materialgewinnung für den Haus- und Deichbau genutzt, weswegen die eindrucksvollen Gräber nach und nach verschwanden. Warum es ausgerechnet dieses hier geschafft hat zu überdauern, und ob ein Hünengrab etwas mit Hünen (oder gar Hühnern?) zu tun hat – darüber kann man an dieser Stelle sinnieren. Oder man wirft einfach einen Blick auf die Infotafeln.

Zurück am Wasser zum Gold-Strand weiterfahren.

Über 5500 Jahre alt: das Alversteen-Grab

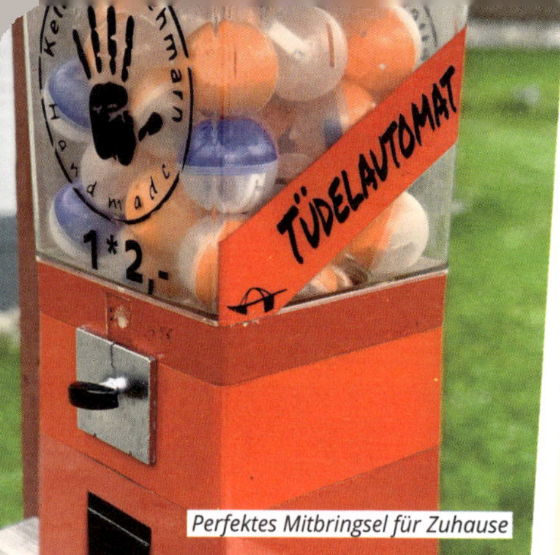

Perfektes Mitbringsel für Zuhause

KM 10

Café am Meer Achtern Diek

In Gold baden … und Kuchen essen

Das winzige Dorf mit dem schönen Namen Gold hat nur ein paar Häuser und bietet einen tollen Blick auf die Bucht. Für alle, die gern surfen und kiten ist dies der perfekte Spot, da das Wasser flach und teilweise bis zu zwei Grad wärmer ist als woanders. Unmittelbar an dem wundervollen Naturstrand liegt das moderne Haus von Annette Steidlinger, in dem sie ihr Café und einen kleinen Gästebetrieb mit hübschen Zimmern betreibt (achterndiek-gold-fehmarn.de). Wer es vor 13 Uhr hierher schafft, kann sich noch am herrlichen Frühstücksbuffet bedienen, für das das Café am Meer bekannt ist. Aber nicht hetzen: Kaffee und Kuchen sind auch spitze.

Dem Weg Gold ins Landessinnere folgen, im Örtchen Albersdorf auf die Straße Albersdorf abbiegen und auf dieser durch die Felder gen Norden fahren. Rechts ab beim Weg Westerberger und durch Teschendorf. Auf dem Teschendorfer Weg bis zur Hauptstraße. Rechts neben Dieters Grill Imbiss geht es die Ole Klaus-Groth-Straat hinunter. Dann rechts in die Ringstraße – vor dem Haus mit der Hausnummer 10 steht der Tüdelautomat.

KM 15

Tüdelautomat

Etwas fürs innere Kind

Für zwei Ein-Euro-Stücke kann man Kindheitserinnerungen wieder aufleben lassen. Wie ein Kaugummiautomat sieht er nämlich aus, der Tüdelautomat (plattdeutsch für »herumwerken«, oder »langsam arbeiten«). Wer ihn bedient – also erst das erste Geldstück hineinwirft, an der Kurbel dreht, dann das zweite reinsteckt und nochmal dreht – wird belohnt! Mit einem hörbaren »Plonk« fällt eine große, durchsichtige Plastikkugel in den Auswurf, und man darf sich vom Inhalt überraschen lassen. Nur so viel sei verraten: Der Inhalt hat großen Souvenir-Wert …

Geradeaus weiter und links die Ringstraße hochfahren. Der Hauptstraße Letzter Heller folgen, bis kurz nach dem Ortseingang von Burg auf Fehmarn rechts der Schmetterlingspark auftaucht (links neben der Galileo-Wissenswelt Fehmarn).

Perfekte Bedingungen: Surfen in Gold

Eintauchen in tropische Gefilde im Schmetterlingspark

JEDE MENGE BUNTER FALTER

KM 17

6 Schmetterlingspark

Auf Tropen-Expedition

KM 34 » ZIEL

Bahnhof Großenbrode

Wer lässt sich nicht gern von riesigen bunten Schmetterlingen umflattern (www.schmetterlingspark-fehmarn.de)? Zwar wirkt die Anlage ein wenig in die Jahre gekommen, doch schlendert man erst einmal durch die üppig grünen Hallen voll fremdartiger Pflanzen, hört das Zwitschern der Vögel und atmet den schwül-warmen, erdigen Geruch ein, kommt das einem kleinen tropischen Mini-Urlaub sehr nahe. Neben den vielen Schmetterlingen und Faltern gibt es auch Schildkröten, Fische, Leguane und andere Exoten zu bewundern. Einmal stehenbleiben, Augen schließen und alle anderen Sinne aufmachen – fühlt sich an wie auf einer Dschungel-Expedition.

Den Mummendorfer Weg Richtung Burg fahren, bis es rechts den Radweg in die Werkstraße abgeht. Diesem einfach bis zum Ende folgen, rechts abbiegen und am Wasser entlang. Durch Wulfen hindurch und dann links auf die Fehmarnsundstraße bis vor ans Wasser. Über die Brücke und zurück zum Bahnhof.

Prachtexemplar des Morphofalters, auch Himmelsfalter genannt

Flügge
Sulsdorfer Wiek
Flügger Watt
Orth
Neuhof
Neujellingsdorf
Lemkenhafen
Auf dem Schlag
FLACHE LANDSCHAFT, ENTSPANNTES RADELN
Teschendorf
Westerbergen
WESTERBERGEN-FERIENSIEDLUNG
Naturschutzgebiet Krummsteert-Sulsdorfer Wiek/Fehmarn
Orther Reede
Albertsdorf
Café am Meer Achtern Diek 4
Gold
Strukkamp
Hünengrab 3
B 207
IMMER AM MEER ENTLANG
Leuchtturm Strukkamphuk 2
Fehmarnsundbrücke 1
DEN SCHMALEN RADWEG RICHTUNG BRÜCKE ENTLANG
Großenbroderfähre
Naturschutzgebiet Graswarder/Heiligenhafen
Großsteingrab Lütjenbrode 3
N
0
1
2 KM
Bahnhof Großenbrode
START & ZIEL
Mittelhof
Lütjenhof
Großenbrode

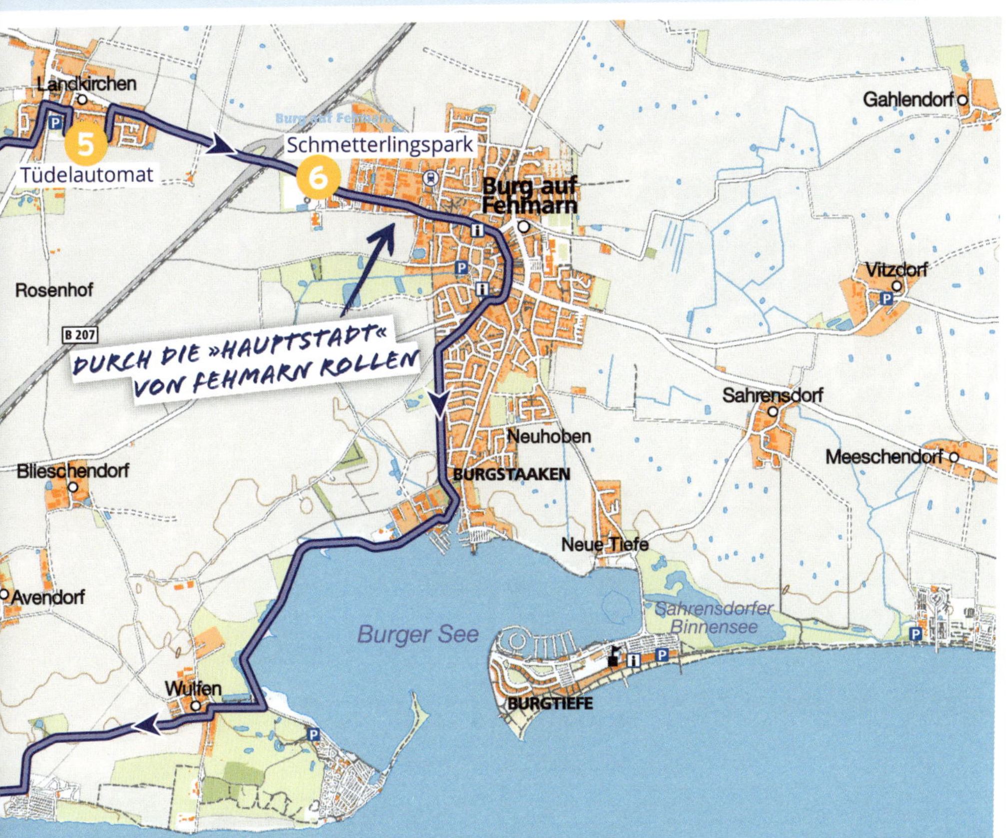

AUF EINEN BLICK

- **Start/Ziel:** Bahnhof Großenbrode (Dieser Bahnhof sowie der Bahnhof Fehmarn-Burg, an dem man die Tour abkürzen kann, werden seit August 2022 für einige Jahre nur von Bussen der neuen Linie X85 statt von Zügen angefahren. Fahrradmitnahme ist begrenzt möglich).
- **Strecke/reine Radelzeit:** 34 km (Rundtour), 2 Std. 45. Die Tour kann am Bahnhof Fehmarn-Burg um 14 km abgekürzt werden, wenn von dort aus der Heimweg angetreten wird.
- **Höhenmeter:** ↗20 m, ↘20 m
- **Wegbeschaffenheit:** Meist asphaltierte Straßen.
- **Beste Zeit:** Das ganze Jahr über. Im Sommer blüht die ganze Insel gelb, im Herbst und Winter locken die rauen Winde viele Wassersportfans an die Ostseeküste.
- **Mitnehmen:** Kamera, Badezeug, Sonnencreme.
- **Kombinierbar mit:** Tour 18 und Tour 20

DIE RADELPAUSEN
» START
Bahnhof Fehmarn-Burg
KM 2
1
Raddens Eis
Stadtbummel mit Kult-Softeis
KM 4
2
Südstrand
Design am Sand
KM 14
3
Steilküste Staberhuk
Weit geht der Blick

Die Ostküste Fehmarns von Burg nach Puttgarden

Auf dieser Tour gibt's das beste Softeis, die berühmtesten Hochhäuser, die wildesten Küsten und das schönste Meer zu sehen. Dabei radelt man auf herrlich flachen Straßen und Wegen und lässt sich vom Rückenwind das Meer entlangschieben.

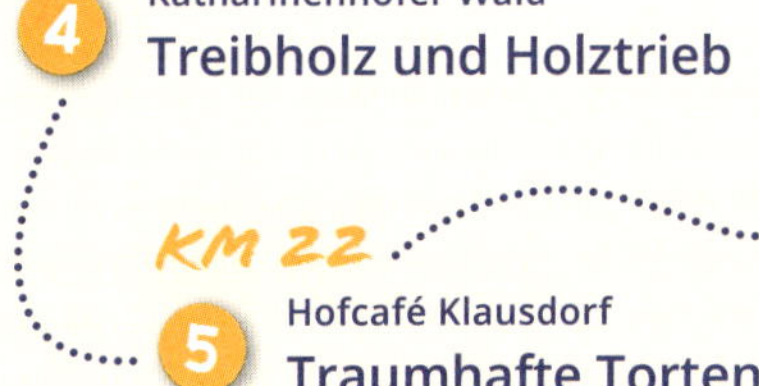

SONNE, WIND UND WELLEN

Auf diesem Teilstück der platten Insel Fehmarn gibt es jede Menge zu sehen: Backsteinbauten, alte Bauernhäuser, historische Kirchen, feine Sandstrände und wilde Steilküsten. An den sandigen Klippen trägt der Wind den Geruch von Seetang, in den Ohren rauscht das Meer, und im besten Fall scheint einem die Sonne ins Gesicht. Mit mehr als 2200 Sonnenstunden im Jahr gehört Fehmarn zu Deutschlands sonnenreichsten Regionen – also nicht die Sonnencreme vergessen!

In Fehmarns Amts-Hauptstadt Burg rollt man durch hübsche Gassen voll typischer Backsteingebäude und zur St.-Nikolai-Kirche aus dem Jahr 1230. Um diese Natur- und Genusstour gebührend zu starten, sollte man sich unbedingt bei **Raddens Eis** eine Stärkung gönnen. Anschließend geht's auf der Landstraße durch die wogenden Felder zum berühmten Fehmarner **Südstrand**, der wegen seines feinen gelben Sandes das (Urlaubs-) Herz höherschlagen lässt. Außerdem befinden sich hier drei monumentale Gebäude. Diese entspringen der gestalterischen Feder eines der bedeutendsten Architekten aller Zeiten …

DIE STEILKÜSTE STABERHUK VOM WIND GETRIEBEN ENTLANGFLIEGEN

Nach dem geschäftigen Treiben am Strand radelt man sich nun frei. Die Ostküste Fehmarns zeigt die raue Seite der Insel. Durch neue Radwege lassen sich die Steilküstenabschnitte oberhalb der wilden steinigen Strände aber sehr gut befahren.

Mit dem Meer zur Rechten passiert man die südöstliche Spitze der Insel und den Leuchturm Staberhuk. Aus Osten weht eine starke Brise, auf den Wellen tanzen Schaumkronen, und über einem spannt sich weit der blaue Himmel. Gut also, dass die wunderschöne Bank einen tollen Blick auf die **Steilküste Staberhuk** bietet. Einmal Beine und Seele baumeln lassen, bitte! Danach führt die Tour immer am Meer entlang und hinein in den **Wald bei Katharinenhof**. Schlanke Bäume krallen sich an sandige Felsen, und am Naturstrand liegen versteinerte Schätze.

Das Eis ist mittlerweile längst verdaut, und das Strampeln fordert seinen Tribut, deshalb darf man im **Hofcafé Klausdorf** ruhig der inneren Naschkatze gehorchen und eine der selbst gemachten Torten probieren. Mit einer solchen im Bauch radelt sich der Rückweg gen Puttgarden noch schneller. Ein letzter Halt an der malerischen Küste beim **Steg Marienleuchte**, dann geht's Richtung Bahnhof.

Ziegen streicheln im Hofcafé Klausdorf

Die Warteschlange vor Raddens Eisladen

Immer die Küste entlang

RADELN & GENIEßEN

» START
Bahnhof Fehmarn-Burg

Vom Bahnhof geradeaus auf die Straße Am Steinkamp, diese rechts hinunterfahren. Am Landkirchener Weg links abbiegen und Am Markt rechts die Straße hinunter, bis linker Hand Raddens Eisladen liegt.

KM 2

Raddens Eis

Stadtbummel mit Kult-Softeis

Hier rollt man auf eine Fehmarner Institution zu: Der kleine Eisladen (www.raddenseis.de) liegt zwischen der St.-Nikolai-Kirche und dem Hafen Burgstaaken am äußeren Rand der Burger Altstadt. Zu erkennen ist er an der rot-weißen Markise und dem großen Softeis vor der Ladenluke. Schon seit 75 Jahren gibt es den Laden (inzwischen in der vierten Generation), und schon fast genauso lange stehen die Leute die ganze Straße hinunter für die kalten Köstlichkeiten an. Mit gutem Grund! Tipp: Am besten holt man sich ein Eis und bummelt dann ein bisschen durch die alten Gassen. Auch ein Besuch in der St.-Nikolai-Kirche lohnt sich. Dort unbedingt einen Blick auf den beeindruckenden holzgeschnitzten Hauptaltar aus dem 14. Jahrhundert werfen.

Kurz nach dem Eisladen links auf die Strandstraße abbiegen und dieser folgen. Über den Parkplatz des Ferien-Centrums bis zur Strandpromenade fahren.

Vanille-Softeis mit Erdbeersauce: Ein Traum!

Die Türme der Arne-Jacobsen-Siedlung

KM 4

2 Südstrand
Design am Sand

Dieser Stopp lohnt sich aus zwei Gründen. Einmal ganz klar wegen des fast zwei Kilometer langen feinsandigen Strandes – an warmen Tagen sollte man unbedingt ein erfrischendes Bad nehmen. Zum zweiten wegen der drei 17-geschossigen IFA-Fernblickhäuser. Sie gehören zum Ferien-Centrum, das niemand Geringeres als der dänische Designer und Architekt Arne Jacobsen zusammen mit seinem Partner Otto Weitling vor über 50 Jahren konzipierte. Jacobsen ist vor allem wegen seiner Möbelstücke weltberühmt, darunter der Sessel The Egg (1958) sowie viele andere Designklassiker. Seit 2015 steht das kontrovers diskutierte Ensemble unter Denkmalschutz. Laut Einheimischen gibt es zu dem Thema nur zwei Meinungen : Die einen finden das »Ferien-Centrum« scheußlich, die anderen feiern besonders die drei riesigen Hochhäuser, weil sie mittlerweile »einfach zu Fehmarn dazugehören«.

Vom Südstrand auf der Promenade weiterfahren und am Wasser entlang den südöstlichen Zipfel der Insel umrunden. Unterwegs kommt man am Leuchtturm Staberhuk vorbei. Die Küste entlang, bis rechter Hand am Weg eine schöne Bank auf einen wartet.

Hinsetzen und alle Sinne aufmachen. Wow!

KM 14

3 Steilküste Staberhuk
Weit geht der Blick

Der Weg zur Bank ist links von Wildkräutern, Blumen, Disteln und Brombeerbüschen gesäumt, in denen sich Kohlweißlinge tummeln. Rechter Hand erstreckt sich das Meer. An dieser schönen Holzbank, die hier sicher noch nicht so lange steht, stellt man nun das Rad ab und führt sich die Ostsee bitte in extrem entspannter Haltung zu Gemüte. Alle Sinne aufmachen: Vom steinigen Strand unten hört man das leise Rauschen der Wellen, in der Luft liegt der Geruch von Seetang, und über den Feldern hinter einem singen die Vögel!

Weiter die Küste entlang.

KM 16

4 Katharinenhofer Wald

Treibholz und Holztrieb

Am Katharinenhofer Wald wird die Stimmung fast schon magisch schön: Schlanke Bäumen säumen das raue Ufer, das inzwischen nicht mehr ganz so steil ist wie zuvor. Zwischen den Bäumen wachsen im Frühjahr Buschwindröschen, im Sommer lebt der Wald und strotzt nur vor üppigem Grün. Auf der Bank, die am Ende des Weges zwischen den Bäumen einen grandiosen Blick aufs Meer bietet, ruht man erneut die Beine aus und saugt anstelle der Weite, die man bisher genießen konnte, die Energie des Waldes um einen herum auf: herrlich!

Vom Wald aus links ins Landesinnere und am Parkplatz Katharinenhof vorbei auf die Straße Katharinenhof rechts abbiegen und am Ostsee-Campingplatz Katharinenhof vorbei bis zum Steinstrand Gahlendorf. Von dort links abbiegen ins Binnenland bis auf den Weg, der ab Gahlendorf rechts ab und hinein nach Klausdorf führt.

Ein Wald am Meer. Darin: diese Bank. Mehr braucht es nicht für's kleine, große Glück

KM 22

5 Hofcafé Klausdorf

Traumhafte Torten

Nun gibt es (endlich) nicht nur Nahrung für die Seele, sondern vor allem Futter für den Magen! Bekannt für ihre üppigen Torten – die Erdbeertorte ist legendär –, wird in der Backstube täglich frisch gezaubert (hofcafe-klausdorf.de). Auf der großen Gartenterrasse sitzt man sehr entspannt, und gerade Eltern können mal durchatmen, können die Kinder doch im Sandkasten buddeln oder die süßen kleinen Ziegen streicheln , die in einem Gehege daneben leben. Für alle, die nach einem Insel-Mitbringsel suchen, bietet der Hofladen neben der Backstube zum Beispiel köstlichen Fehmarner-Rapshonig oder Rapskissen an.

Der Dorfstraße rechts bis zum Ende von Klausdorf folgen, dann rechts abbiegen und parallel zum Bannesdorfer Graben bis zum Parkplatz am Meer fahren. Hier nach links wenden und am Meer entlang der Küste bis zum Steg Marienleuchte folgen.

Köstliche Torten im Hofcafé Klausdorf

Steg Marienleuchte

Kleinod am Meer

Der letzte Halt führt in eine kleine Feriensiedlung direkt an der Küste. Am besten stellt man das Rad oben am Picknicktisch ab und geht über die Treppe hinunter an den Steinstrand. Dort kann man nicht nur perfekt eine Runde Steinehüpfen spielen und flache Steine auf der Wasseroberfläche springen lassen, sondern oft auch Leute beim Angeln und die großen Fährschiffe beobachten, die vom rund zwei Kilometer entfernen Puttgarden Richtung Dänemark starten. An heißen Tagen eignet sich der Steg für einen letzten Sprung ins Wasser. Wer ganz am Ende reingeht, steht gleich auf sandigem Grund und hat bereits die Steine vom Ufer überwunden! An stürmischen Tagen werfen sich Surfer:innen vom Steg in die Brandung und reiten die Wellen bis an den Strand – mutig!

Vom Promenadenweg links abbiegen auf Rethen und dem Marienleuchter Weg bis nach Puttgarden und zur Dorfstraße folgen. Rechts abbiegen und auf der Fährhafenstraße bis zum Bahnhof fahren.

EXTRA INFOS:

Technik-Fans aufgepasst: Wer Lust hat, fährt nach dem Kult-Eis in Burg nicht zum Südstrand, sondern biegt ab zum ● **U-Boot-Museum** (www.ostsee-u-boot.de). Hier lässt sich ein riesiges altes U-Boot der Marine bestaunen.

KM 30 » ZIEL

Bahnhof Fehmarn Puttgarden

JE WEITER DER HORIZONT, DESTO STÄRKER IST DAS GEFÜHL VON FREIHEIT

Einzigartig: die Ostküste Fehmarns

Bahnhof Fehmarn Puttgarden ZIEL
Steg Marienleuchte
6
LETZTE ETAPPE? SCHÖNSTE ETAPPE!
Hofcafé Klausdorf
5
DURCH DAS FEHMARNER BINNENLAND ROLLEN
START Bahnhof Fehmarn-Burg
1
Raddens Eis
U-Boot-Museum
Südstrand
2
BIS VOR AN DEN STRAND ROLLEN
Krummensiek
Johannisberg
Puttgarden
Gammendorf
Poggensiek
Matthiasfelde
Marienleuchte
Vadersdorf
Todendorf
Presen
Hinrichsdorf
Bannesdorf
Bisdorf
Klausdorf
B 207
Ostermarkelsdorf
Gahlendorf
Landkirchen
Sartjendorf
MUMMENDORF
Augustenberg
Burg auf Fehmarn
Teschendorf
Rosenhof
Vitzdorf
Hochfelder Mühle
Sahrensdorf
Neuhoben
Meeschendorf
Blieschendorf
Avendorf
BURGSTAAKEN
Neue Tiefe
Burger See
Sahrensdorfer Binnensee
Avendorf
BURGTIEFE
Wulfen
N
0
1
2 KM

AUF EINEN BLICK

- **Start:** Bahnhof Fehmarn-Burg
- **Ziel:** Bahnhof Fehmarn Puttgarden (beide Bahnhöfe werden seit August 2022 für einige Jahre nur von Bussen der neuen Linie X85 statt von Zügen angefahren. Fahrradmitnahme ist begrenzt möglich.)
- **Strecke/reine Radelzeit:** 30 km (Streckentour), 2 Std. 45
- **Höhenmeter:** ↗16 m, ↘23 m
- **Wegbeschaffenheit:** Teils über Schotter, teils über Asphalt, teils über fein gesplittete Wege.
- **Beste Zeit:** Das ganze Jahr über. Im Sommer duftet es nach Raps und Wildblumen, im Herbst und Winter weht der Wind scharf, das Meer ist tiefblau und aufgewühlt.
- **Mitnehmen:** Kamera, Badezeug, Sonnencreme, Fernglas zur Vogelbeobachtung.
- **Kombinierbar mit:** Tour 19

AUCH NOCH GANZ NÜTZLICH

ORTSREGISTER

IMPRESSUM

» **Text:**
Stella Kennedy

» **Cover- und Buchgestaltung:**
Carolin Weidemann, Köln, www.weidemann-design.com

» **Lektorat & Produktion:**
Verlagsbüro Wais & Partner, Stuttgart, www.wais-und-partner.de

» **Fotos:**
Titelfoto: mauritius images / Alamy Stock Photos / SeaTops;
Fotos Innenteil: Stella Kennedy außer S. 128 o.: Ralf Gosch/shutterstock

» **Kartografie:**
©KOMPASS-Karten GmbH, kompass.de unter Verwendung von ©OpenStreetMap Contributors, osm.org/copyright

» **S. 222 / 223:**
Marie Geißler (Illustration), Jens Bey (Text)

Printed in Poland

1. Auflage 2023

ISBN 978-3-616-03193-4

www.dumontreise.de

RECHTS ODER LINKS? IMMER WISSEN, WO'S LANGGEHT!

» **TOURENVERLAUF**

GPX-Daten zum kostenlosen Download
www.dumontreise.de/radelzeit/ostseekueste-schleswig-holstein

GPX-DOWNLOAD AUFS SMARTPHONE – SO GEHT'S

» **Voraussetzung:**

Eine Outdoor-App muss installiert sein, z. B. KOMPASS, Outdooractive oder Komoot. Zum Einlesen des QR-Codes benötigen ältere Android-Geräte eine QR-Code-App. Bei neueren Android- und iOS-Geräten ist diese Funktion in der Kamera integriert.

» **Daten downloaden:**

1. Den QR-Code einlesen oder die Webadresse im Browser eingeben, um auf die Radelzeit-Website zu gelangen.
2. Die gewünschte Tour zum Download anklicken.
3. Bei iOS-Geräten werden die GPX-Daten direkt mit der vorab installierten App verknüpft. Bei Android-Geräten muss ggf. noch ein Weiterleiten-Button geklickt werden (z. B. oben rechts im Display). Manche Apps zeigen den Tourverlauf starr an, andere haben eine Navigationsfunktion dabei.

www.odinfischer.de
ODIN
Time out

WEITERRADELN ...

ISBN 978-3-616-03197-2
ISBN 978-3-616-03195-8
ISBN 978-3-616-03189-7
ISBN 978-3-616-03196-5
ISBN 978-3-616-03188-0

ISBN 978-3-616-03198-9

ISBN 978-3-616-03192-7

ISBN 978-3-616-03194-1

Noch mehr Radelinspiration gibt's im gut sortierten Buchhandel und unter www.dumontreise.de

YOGA FÜR DAVOR UND DANACH

SCHMETTERLING

» Setze dich auf den Boden und lege die Unterseiten deiner Füße aneinander, indem du die Knie nach außen fallen lässt. Nun langsam, ohne viel Kraft, nach vorne lehnen und die Füße mit den Händen umschließen. Entspannt drei Minuten in der Position bleiben, langsam und tief durch die Nase ein- und ausatmen. Um die Übung zu verlassen, die Hände neben bzw. hinter den Körper legen, langsam ein Bein nach dem anderen ausstrecken und nach vorne bringen.

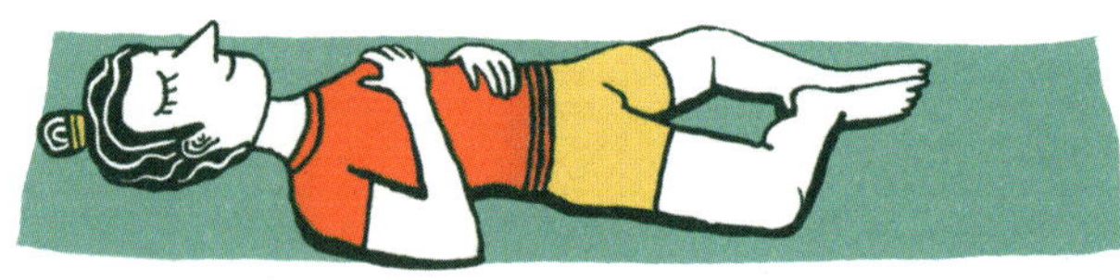

HÖR AUF DEIN HERZ

» Lege dich rücklings auf den Boden, ziehe die Knie an und stelle die Füße flach auf den Boden. Lass jetzt die Knie zur Seite fallen und bring die Fußsohlen zusammen. Lege eine Hand auf deinen Bauch und eine Hand in die Nähe deines Herzens. Schließe deine Augen, atme tief ein und aus und halte die Position mindestens 30 Sekunden lang.

KATZENBUCKEL

» Gehe auf alle viere, die Knie direkt unter der Hüfte. Handgelenke, Ellenbogen und Schultern liegen auf einer geraden Linie, die Arme sind gestreckt, der Kopf in Verlängerung des Rückens mit Blick nach unten. Mache mit dem Ausatmen den Rücken rund, der Kopf geht Richtung Boden, wird aber nicht auf die Brust gepresst. Während des Einatmens wandert dein Bauchnabel in Richtung Boden, hebe gleichzeitig den Kopf. Wiederhole die Übung mehrmals.

ZURÜCKGELEHNT

» Knie dich auf den Boden, mit den Oberseiten deiner Füße auf dem Boden. Bring die Knie zusammen, dein Gesäß geht langsam zum Boden, deine Füße rutschen zur Seite und kommen neben deinen Hüften zu liegen. Schiebe mit den Händen deine Oberschenkel nach innen, lehne dich zurück auf deine Unterarme und lege den Oberkörper langsam ab. Halte die Position für mindestens 30 Sekunden.

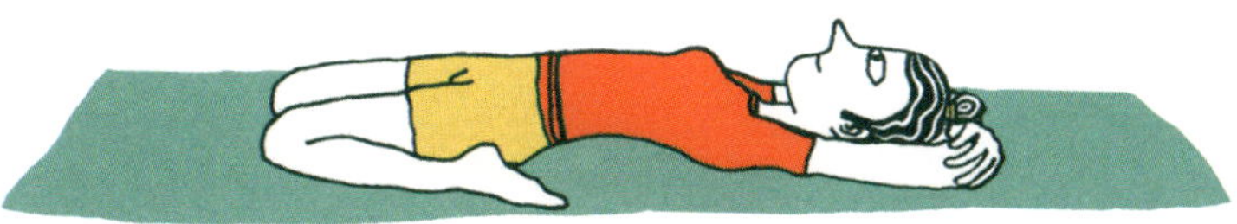

DIE PERFEKTE TOUR …

#FÜR SONNENHUNGRIGE

Diese Tour lässt die Herzen aller Strand-Fans höherschlagen. Hier radelt man unter anderem am Timmendorfer Strand entlang und folgt immer einer: der Sonne!

» TOUR 8, S. 84

#FÜR NEUGIERIGE

Diese Route folgt den Spuren des einst mächtigen Volkes der Wikinger – und durchquert eine wunderschöne Landschaft!

» TOUR 5, S. 54

#FÜR WASSERRATTEN

Vom idyllischen Eckernförder Strand aus folgt diese Route der Biegung der Bucht und macht immer wieder Stopps am Wasser: zum Plantschen toll!

» TOUR 10, S.104

#FÜR LECKERMÄULER

Käffchen am Hafen, hausgemachte Torten am Wasserschloss und auf dem Rückweg ein Aperol Spritz und Pommes rot-weiß: eine durchaus leckere Tour!

» TOUR 1, S. 14

#FÜR FAULE

Die Kurzvariante dieser Tour beinhaltet trotzdem alles, was man will: grandiose Fehmarner Natur, Panoramen der Extraklasse und ein süßes Café zum Einkehren.

» TOUR 19, S. 194